La Parte Eternamente Eterna

La Primera Aventura De Keely Tucker

BOOKSIDE Press

La Parte Eternamente Eterna

La Primera Aventura De Keely Tucker

SPANISH EDITION

TOBY K. DAVIS

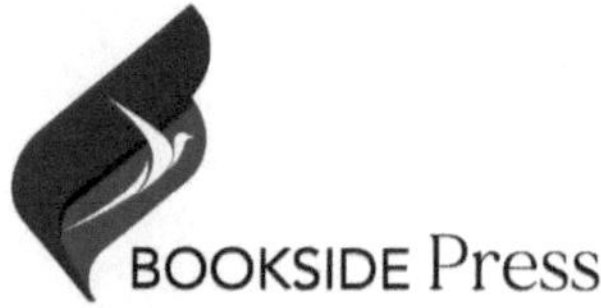

BookSide Press
877-741-8091
www.booksidepress.com
orders@booksidepress.com

*La Parte Eternamente Eterna-La primera
aventura de Keely Tucker*

Este libro está dedicado a mi marido, Rob,

*y a mi única abuela, Rosalie Ratcliff
Jones, cuyo amor "eterno" lo*

hizo posible.

Y

para todos aquellos que creen que lo im-posible

es-posible-

las esperanzas, los deseos y los sueños se hacen realidad.

Contenido

Ilustraciones

Por Diana Magnuson

Diana Magnuson es una renombrada ilustradora de libros infantiles y artista de galerías conocida por sus etéreas interpretaciones de la fantasía y el mito, así como por sus numerosas publicaciones escolares. Su imaginación ha llenado las páginas de más de cien libros. Vive con su marido en Michigan, y utiliza los inmensos lagos, acantilados y bosques como fuentes de inspiración.

Pról̃ogo

Es un gran placer escribir este prólogo para el libro de Toby K. Davis, que recomiendo encarecidamente. *The Ever Part of Always-Keely Tucker's First Adventure (La parte Eternamente Eterna -La primera aventura de Keely Tucker)* es una novela sobre el amor y la amistad a través de las generaciones humanas, pero también sobre estar abierto a darlos y recibirlos de criaturas no humanas. Despliega un vocabulario tremendamente rico y cautivador para transmitir la belleza y la maravilla de la naturaleza que nos rodea. En nombre de Keely y sus amigos, encuentra posibilidades inesperadas de consuelo y sorpresa en las nubes y en el arcoíris y sus colores, colores que se convierten en ríos teñidos y en hogares para criaturas nuevas y amistosas, y no tan amistosas. El viento es una correa de transmisión de pensamientos-palabras y sentimientos, que atraviesa grandes distancias y diferentes estadios de la condición humana. El cosmos, hogar de las nubes, los arcoíris, los vientos, las cuevas secretas y los estanques oscuros, siempre descrito con gran atractivo para la imaginación, es un telón de fondo constante de las aventuras de Keely.

El libro está empapado de imágenes y situaciones -desde el lenguaje del pensamiento hasta los maravillosos unicornios y dragones- cuyo linaje bebe de los eternos cuentos de hadas del pasado. Pero Keely, heroína donde las haya, no es una princesa. Vive firmemente en el siglo XXI, y no es un entorno agradable. Tiempos difíciles, una madre difícil y algo neurótica, un padre que viaja constantemente y nunca está con ella, malos resultados en la escuela... una letanía de desgracias que la acosan y que resultan demasiado familiares en nuestra época. Su capacidad para El hecho de que Keely se sienta tan atraída por el lector, deseoso de participar plenamente en sus aventuras, es lo que la hace desconectarse de todo, desconectarse de todo y entrar en un universo paralelo de propiedades mágicas que la envuelven mientras se responsabiliza de su amigo unicornio moribundo y se embarca en la búsqueda de una poción especial. Su amigo canino, Growler, y su compañero felino, Meowcher, son casi sustitutos de los niños que leerán este libro, deseando poder estar allí para asegurarse de que Crea, la unicornio enferma, beba finalmente el elixir mágico.

Keely es todo lo que a cualquiera de nosotros nos gustaría ser. Es ingeniosa y piensa con rapidez al contemplar cada nueva serie de predicamentos. Está centrada en su objetivo de salvar a Crea. Se adapta cuando saca agua de las nubes y utiliza escamas de dragón como peldaños mientras desciende por las empinadas laderas que flanquean una cascada mágica. No tiene miedo a esquivar dragones y se adelanta a los demás aprendiendo a volar con un unicornio. *The Ever Part of Always* es un gran libro, que quizá anime a los niños a revisar su forma de pensar sobre lo que pueden hacer, a convertir, en palabras de Keely, lo "im-posible" en lo "es-posible", al fin y al cabo, se empieza con la imaginación, y éste puede ser el libro que despierte el pensamiento que se convierta, como dice el refrán, en padre de la acción.

—Albert A. Thibault, diplomático superior jubilado, ocupó altos cargos en varias embajadas de EE.UU. en el extranjero y actualmente escribe un libro sobre las relaciones entre EE.UU. y la India.

Prefacio

¿Quién hubiera pensado que mi corazón marchito
podría recobrar el verdor?
George Herbert, "La flor" (1633)

Ver un mundo en un grano de arena
Y un cielo en una flor silvestre
Sostener el infinito en la palma de la mano
Y la eternidad en una hora.

William Blake, "Augurios de inocencia" (1803)

La imaginación es más importante que el conocimiento...
Albert Einstein

La parte Eternamente Eterna -La primera aventura de Keely Tucker trata del viaje de una niña desde la desesperación a la fe, desde la baja estima a los sentimientos de autoestima, utilizando la única herramienta a su disposición, la imaginación-la llave de la esperanza. La historia está llena de imágenes que invaden la paz mental y personajes que llegan al corazón. Los temas se entremezclan a medida que Keely experimenta la transformación; el amor, el perdón y la voluntad de triunfar la empujan a hacer cosas que nunca soñó lograr. Otros a su alrededor se inspiran en su tenacidad para superar sus miedos, para encontrar soluciones donde ninguna parecía posible. Unicornios, dragones de fuego, otras bestias míticas, pociones mágicas y cascadas desde el borde del cielo hasta la parte de siempre enriquecen la aventura hasta la conclusión final.

Palos y piedras
Pueden romperme los huesos
Pero las palabras
Nunca me harán
daño.

Canción infantil anónima

Capítulo Uno

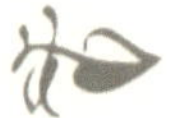

Palos

El polvo de oro goteaba en un chorro lento y constante a través de la palma de la mano de Keely RosalieTucker. Pequeñas gotas se le pegaban a los nudillos doblados mientras intentaba deslizar el precioso brillo en la bolsa de malla plateada, un bolso fuera de servicio de su abuela, que Keely había sacado del saco de Goodwill. Keely tenía la frente manchada de sudor y arena amarilla. Recoger polvo de oro era un asunto serio que exigía una concentración total, y el tiempo era crucial. Debía terminar antes de que el sol alcanzara el punto más alto del cielo. Debía recordar y pronunciar las palabras exactamente como se las había enseñado su abuela hacía casi cinco años, el día de su quinto cumpleaños. Solo el viento podía captar los susurros de los sonidos y silbarlos lejos, a ese lugar en el que nadie ha estado nunca, donde la niebla se tiñe de arcoíris y los árboles se cubren de estrellas. Allí, los unicornios respiran aire púrpura, mordisquean suavemente los frutos brillantes

Recoger polvo de oro era cosa seria.

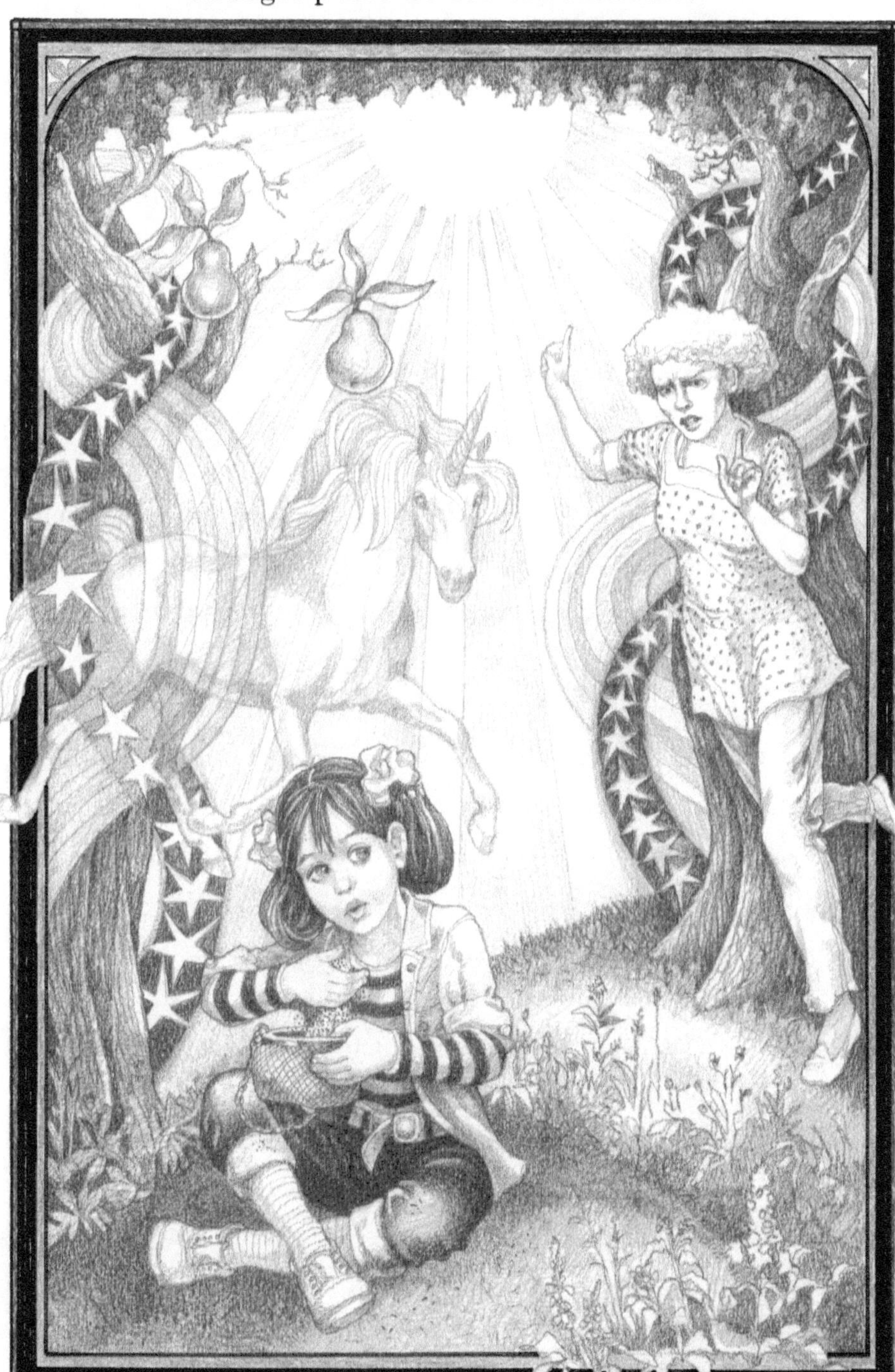

y forran las nubes con retazos de su risa, a la espera de la lejana llamada de un niño.

—¿Qué demonios crees que estás haciendo? Si te lo he dicho una vez, te lo he dicho mil veces: cámbiate de ropa antes de ponerte a jugar aquí fuera en este montón de tierra. Entra en casa y hazlo ahora mismo. ¡Uno! ¡Dos! —Keely no quería que su madre llegara a tres, lo que significaba castigo automático y gritos aún más fuertes.

—Me voy. Me voy —Las lágrimas se deslizaron silenciosamente dentro de los ojos de Keely. El momento se había esfumado de nuevo. ¿Alguna vez estaría bien? Su madre nunca lo entendería. ¿Cómo podría cuando Keely no estaba segura de entenderlo ella misma?

Keely se levantó y se quitó la preciosa arena de su ropa favorita: unos vaqueros de color añil oscuro con corte de bota y una camiseta a rayas rojas y blancas, cubierta con una camisa del oeste azul desteñida de doble bolsillo y mangas remangadas del año pasado. Sus calcetines a rayas grises y blancos, reservados para los días buenos, asomaban por los tobillos desde unas zapatillas Converse de color morado oscuro sin cordones. Todas las prendas, pasados regalos de cumpleaños de su abuela, fueron compradas en liquidación final en las tiendas Wal-Mart o Target de Memphis. Sin embargo, Keely era la que se encargaba de confeccionar los conjuntos para que encajaran con su estado de ánimo. El flequillo casi le cubría las cejas, y se tomó un momento para echarse hacia atrás la doble coleta que se había hecho ella misma, ligeramente ladeada -la del lado izquierdo le llegaba más arriba de la oreja que la del derecho-, dejando al descubierto los profundos ojos esmeralda que destellaban resignación. Pequeños mechones de pelo caoba se escaparon de los coleteros rojos, demasiado apretados contra su cabeza.

Al darse la vuelta para caminar hacia su casa, se dio cuenta de que había olvidado su bolsa de polvo de oro y volvió a buscarla al otro lado del montón de tierra. Una voz fuerte y familiar la desafió—: ¡Eh, imbécil! Sí, te estoy hablando a ti. Ven aquí y limpia el barro de mi moto. ¿Sabes lo que te digo? Haré si no lo haces ahora. Caramba, apenas puedo creer que estoy permitiendo que un perdedor como tú toque mi moto. Eres demasiado estúpido para darte cuenta del honor especial que te estoy dando, pero mi papá siempre me dijo que fuera amable con los animales tontos, y eso es lo que estoy haciendo. Sabes, deberían llamarte Torón-Tontón Tucker, o mejor aún, Dumbo, porque eres tan lento y tan tonto. Dumbo, Dumbo, D-u-m-b-o, Dumbo es tu nombre-o —cantó Darrell—. Tampoco intentes usar hierba. Pule los guardabarros con tu camisa.

Darrell era el niño más grande de cuarto curso y Bully era su segundo nombre. Se burlaba de los niños, intentando hacerles llorar; robaba galletas y pudines de las fiambreras; y retorcía brazos, regalando —quemaduras de cuerda— si algún niño se lo contaba a los profesores. Darrell se cebaba con los más débiles, los que le tenían miedo y nunca se defendían. Por desgracia, era vecino de Keely y vivía a cuatro casas de ella. Acosarla y burlarse de ella eran los principales pasatiempos de Darrell, que la seguía constantemente para gritarle cosas feas e intentar hacerla llorar.

En ese momento, Keely se encontraba en tierra de nadie, como solía llamar el abuelo a ese espacio en el que nunca querías estar: demasiado lejos de la casa para llegar, ni siquiera corriendo, y fuera del alcance del oído para pedir ayuda a su madre. Se volvió hacia Darrell, que estaba a unos pasos. No había escapatoria.

El suspiro inaudible de Keely se unió a las lágrimas dentro del estanque secreto de su corazón, donde intentaba almacenar todas las cosas malas. Oyó cómo su propio corazón latía con fuerza a causa del miedo—. Lo haré, Darrell —se acercó lentamente a la bicicleta grande y negra, con una tira de metal atornillada para sustituir un pedal roto y calcomanías desteñidas de llamas que se enroscaban en los guardabarros. Ansiaba decirle que retirara las palabras, pero Darrell ya la había amenazado antes y sabía que volvería a hacerlo si se le desobedecía. Su abuela, la abuela de Keely, le había enseñado el truco de deslizar las malas palabras en una piscina sin fondo dentro de sí misma, ahogando su dolor, pero no siempre funcionaba, y ésta era una de esas veces en las que no lo conseguía. El dolor seguía ondulando, hirviendo encima de las burbujas, negándose a hundirse, como otras veces en las que su madre la azotaba con palabras furiosas o cuando su profesora la ponía en el rincón de los castigos durante cuatro horas por saltarse todas las palabras de ortografía. Al recordar aquellos incidentes, le tembló ligeramente la barbilla y se le escapó un suspiro y, con él, una lágrima.

La reacción de Darrell fue inmediata. De un salto, se abalanzó sobre ella, golpeando el suelo a su alrededor con el bastón de madera tallada que siempre llevaba consigo, dejándolo caer justo delante de sus antebrazos cada tres golpes para asustarla aún más. Keely retrocedió ante el bastón. Le daba más miedo el bastón que Darrell, ya que parecía tener cabezas de dragones y demonios grabadas junto al mar, cuyas voces la magullaban con cada golpe—. ¡No eres nada! ¡No vales nada! ¡Eres estúpida!

Las propias palabras de Darrell eran tenues rebotes de otras que ella había oído antes—: He visto esa lágrima. Te daré algo por lo que llorar.

Y lo hizo. Las palabras dejaron ronchas en sus brazos, aunque el palo nunca la tocó. .

Cuando Darrell por fin se marchó, Keely intentó abrir la maltrecha y repetidamente remendada puerta mosquitera de la cocina y colarse por la puerta trasera. Quería pasar desapercibida por la cocina, donde su madre estaba sentada clasificando las facturas en montones para pagar ahora y para pagar más tarde, con el montón para pagar más tarde aún más alto de lo normal este mes. Keely tiró de las mangas arremangadas de su camisa, tratando de estirarlas para cubrir las mordeduras imaginarias del dragón y el demonio, y se secó las lágrimas de miedo con el puño. Su madre ya tenía bastantes problemas, pero nunca podía resistir el impulso de convertir los problemas de Keely en culpa de Keely. Ésta no era una excepción.

—Bueno, Keely, ¿qué te ha pasado? ¿Has estado llorando? ¿Te ha vuelto a amenazar ese asqueroso vecino? Le vi antes merodeando por el callejón en bicicleta y le dije que no se metiera en nuestro jardín. Creí haberte dicho que te alejaras de Darrell para que no se burlara de ti. ¿Cuándo aprenderás a dejar en paz a los matones como él y a mantener la boca cerrada para que no use eso como excusa para molestarte? He hablado con su madre y he intentado que lo controle, pero no ha funcionado, así que te toca a ti. Huye. No dejes que te intimide.

—Pero…—

—No me pongas "peros", Missy —continuó su madre—. Y no me vengas lloriqueando cuando no haces lo que se te dice y traes estas cosas sobre ti. Límpiate y prepáranos algo de comer. Saca también el Jim Beam; un trago fresco me ayudará a concentrarme en pagar estas facturas. Jim Beam también la ayudaba a sobrellevar las largas y solitarias noches en las que el padre de Keely estaba de viaje en uno de esos interminables y genéricos viajes de negocios que podían alargarse durante semanas. Keely nunca supo exactamente adónde o por qué viajaba su padre, pero el cuándo era obvio. Las botellas de "Jim", el mejor whisky bourbon de Kentucky, aunque uno de los más baratos, siempre aparecían cuando él desaparecía. El problema era que Jim solía desatar la lengua de su madre y dejaba a Keely con volcanes de palabras que ahogar en su piscina secreta.

Keely se cambió primero de ropa y se dirigió de puntillas a la cocina, con la mirada baja, los hombros encorvados y el estómago apretado al máximo, tratando de desvanecerse. Preparó el almuerzo en la mesa de formica, resquebrajada, amarillenta por el paso del tiempo y las manchas de cenas pasadas: el dibujo del polvo de estrellas, desglitereado, destartalado para siempre, frotado de forma invisible con sprays Clorox. Casi el mismo modelo estaba en las cocinas de los amigos de Keely y, junto con los demás, había visto días mejores, como solía decir su padre. Keely untó un poco de atún enlatado y mayonesa en el pan de trigo ligeramente rancio. A continuación, llenó un vaso con hielo, colocó con cuidado a Jim en la mesa junto a su madre, metió su propio bocadillo en la mochila y salió por la puerta trasera sin hacer ruido. Puso el dedo índice en el mosquitero para atraparlo antes de que chocara contra el marco de la puerta, con la esperanza de ocultar su salida.

Y lo consiguió.

Capítulo Dos

El Mantra de Abuelita

Keely respiró hondo, echó la cabeza hacia atrás y bebió el azul del cielo, tragándose la oscuridad hasta otro día. Cruzó la calle corriendo, con los brazos extendidos, volando colina abajo hacia su lugar especial en el parque del barrio, descuidado por falta de fondos y ligeramente cubierto de maleza. Su abuelo, el abuelo de Keely, decía que el dinero del ayuntamiento siempre se agotaba antes de llegar a su barrio, ya fuera para escuelas, hospitales, parques o calles. La madre de Keely le dijo que fue esa falta de fondos lo que mató a su abuelo, no el cáncer. Sus ojos se deslizaron sin detenerse sobre los montones de basura sin recoger, cristales rotos y bancos de parque descascarillados por la pintura y se posaron en un círculo de árboles. Al ver a sus cuatro amigos más íntimos, anunció su llegada con un grito de alegría.

—Por fin estoy aquí. ¡Yahoo! —se agarró al brazo de Shorty y lo abrazó con fuerza mientras se balanceaba de un lado a otro; le brotaron risitas de alegría, arrugándole los ojos y las puntas de los labios, hasta que se soltó y se desplomó en el suelo sobre un montón de hojas sobrantes. Acurrucándose, empezó a mover los brazos enérgicamente en un movimiento de pavoneo, y sus piernas imitaron la energía—. Ángeles de las hojas, les ordeno que se levanten y vuelen a los lugares ocultos, encuentren al unicornio y expongan mi caso. Siento que hay tan poco tiempo antes, antes de qué, no lo sé, pero me sube por el cuello, me tiemblan las orejas. Algo horrible va a ocurrir —se levantó de un salto y abrazó a cada uno de sus otros amigos, apretándolos con todas sus fuerzas; dos eran abedules blancos como Shorty, y uno era un enorme sauce llorón llamado Will. Cuando se volvió para mirar a Will, no vio el contorno —anguloso— de las hojas arrastradas por el viento, hacia el sol y lo que había más allá.

Shorty, Lefty, Will y Chartreudy, llamado así por su piel ampollosa de abedul, más chartreuse que blanca, habían sido amigos de Keely desde su primera visita al parque con su abuela, siete años atrás. La abuela le dijo a Keely que siempre había que llamar a los árboles por su nombre para demostrarles que en realidad eran sus amigos. Keely eligió sus nombres aquel día y, como acababa de aprender el color chartreuse en preescolar, tenía sentido utilizar su nuevo vocabulario. Era el contexto apropiado, según su abuela. Shorty, por supuesto, era el árbol más bajo, y Lefty solo tenía una rama en el lado izquierdo lo bastante baja para que Keely pudiera alcanzarla.

Uno puede contar con los amigos de los árboles, que siempre estarán ahí para ti, ofreciéndote verdadero apoyo cuando te hundes por dentro. No te gritan ni te apartan si estás feo o triste o te has portado mal. Pero, sobre todo, saben escuchar y se guardan lo que dices. No parlotean y, de hecho, guardaban cientos de secretos de Keely. Ahora, como tantas otras veces, se subió a lo alto del hombro de Will, apoyó la cabeza en él, desencajó el estómago y susurró las palabras de dolor con las lágrimas interiores liberadas sobre las esbeltas hojas, oscureciendo su verde, sumándose a su llanto. En ese momento, se irguió como un carnero -Abuelito siempre decía que había que erguirse como un carnero y, aunque no sabía lo que eso significaba, se imaginó que estaba así- entre las ramas superiores del abrazo de Will. Inclinando la cabeza hacia atrás, rozó la luz con las yemas de los dedos, como siempre, tratando de imprimir los intocables arcoíris que bordean las nubes después de una lluvia. Su dolor se liberó; estaba preparada para lo que el mundo tuviera que ofrecerle ese día. Inhalando profundamente el azul del cielo, se sintió abrumada por un cansancio que le dolía hasta los huesos. Keely decidió descansar un momento, se acurrucó como un gatito acurrucando ramas perdidas contra su mejilla y se quedó dormida.

La mayoría de sus otros amigos del vecindario eran más pequeños, de entre tres y siete años. Les encantaban sus interminables e imaginativas historias, y todos y cada uno de ellos creían fervientemente que Keely tenía poderes secretos, incluido el de volar. Les decía que siempre que sentían el sonido insonoro de las hojas de los árboles, en realidad era ella abanicándolas al pasar volando. Y si miraban de cerca las hojas, verían su abanico y sentirían su aliento. Sin embargo, solo dominaba el vuelo en el crepúsculo, la única hora de luz rosada que no es ni de día ni de noche. Si uno se aventuraba por el barrio a esa hora bruja, solía haber dos o tres niños probando sus propias alas para ver si habían desarrollado ese poder. Keely les contaba cuentos a los niños y a sí misma, pero ella era la única que sabía la verdad: que no podía volar, todavía no. No estaba preparada para admitir la derrota y se juró a sí misma que nunca dejaría de buscar el secreto.

Su abuela, con la que siempre había tenido un vínculo, una confianza especial, inculcó a Keely la creencia en la magia. Desde que Keely tenía memoria, la abuela la atiborraba de historias sobre lugares lejanos y encantados donde respiraban unicornios, hadas y ángeles, y cuanto más se creía en ellos, mayor era su poder. La abuela decía que te protegerían, te escudarían de las penas cotidianas de la vida y te salvarían del peligro. Pero lo más importante era que siempre acudirían en ayuda de un niño necesitado; solo había que saber cómo llamarlos. Los ajados ejemplares de *Peter Pan* y *El mago de Oz* de Keely confirmaban su fe en el polvo de hadas y las zapatillas de rubí. A Keely le sonaba que los cuentos de la abuela se basaban en experiencias personales -las pistas estaban ahí-, pero no sabía si las historias eran ciertas, parcialmente basadas en hechos o pura fantasía. Keely confiaba en que fueran ciertas y a menudo repetía las historias de la abuela para tranquilizarse. Creaba un lugar en su mente, un refugio en el que arrastrarse y esconderse hasta que pasaban los momentos de angustia.

Abuelita le decía a Keely una y otra vez que era única; sus diferencias la hacían sentir cosas que los demás no podían sentir, lo que permitía a Keely percibir cosas que otros se negaban a reconocer. A la abuela le gustaba llamarlo el "don del tobillo" de Keely, la fuente de corazonadas, indicios y presentimientos. Keely no podía nombrar los cinco sentidos normales, pero a menudo temblaba con sombras de cosas por venir que nadie más podía oír, ver o sentir. La mayoría de las veces, simplemente se encogía de hombros, ignorando los susurros y los silbidos del viento. Se negaba a escuchar, a comprender o a creer en su capacidad. Keely nunca supo que la abuela también tenía conciencia del "don del tobillo", creía en él y lo utilizaba de vez en cuando para enviar sugerencias a la gente, así como para otras cosas. La abuela, conocedora de todos los secretos de la familia, sabía que el sentido lo había heredado de su propia "abuela", que había recibido el don del tobillo de su abuela, y así sucesivamente. Solo se concedía a las mujeres y se saltaba cada dos generaciones. La madre de Keely no tenía esta habilidad y se burlaba de la abuela cada vez que se mencionaba algo relacionado con ser consciente de acontecimientos pendientes o utilizar pensamientos mentales para alterar el comportamiento, así que la abuela decidió no hablar abiertamente de ello con la familia. La abuela planeaba ayudar a Keely a desarrollar plenamente sus poderes de tobera cuando cumpliera doce años, ya que los años de la adolescencia, cuando el cuerpo y la mente pasan por todo tipo de dolores de crecimiento, eran los más potentes. Abuelita no estaba preocupada, pues sabía que aún no había llegado el momento de Keely.

La abuela se dio cuenta de que Keely también tenía el "don del tobillo" cuando tenía casi cuatro años. La abuela estaba buscando en casa un libro de poemas que había perdido y Keely le dijo que estaba en una caja redonda verde con un gran lazo rojo y que en la caja había unos gorros peludos. La abuela supo al instante de qué caja se trataba y dónde encontrarla: en el estante superior del armario de su habitación, debajo de unas colchas viejas. Abuelita recordaba haber leído poemas unos años antes y haber limpiado el armario al mismo tiempo. Bajó la sombrerera, la abrió y encontró el libro, así como dos "sombreros de piel de zarigüeya" de su propia abuela envueltos en papel de seda amarillento. Obviamente, el libro se había unido a los sombreros por accidente. Keely contó a la abuela que se enteró de la existencia de la caja con el libro cuando se lavó los dientes. Keely dijo que oyó una voz aguda y chirriante de "hada" que silbaba, algo así como uno de esos silbatos para perros que solo los perros pueden oír, pero al escuchar los agudos ruidos "chirriantes", descubrió que los sonidos agudos eran en realidad palabras. La voz le habló del libro de la abuela y de la extraña caja. Keely añadió que tal vez se lo había dicho el Ratoncito Pérez. La madre de Keely le dijo que dejara de imaginar cosas y de contar mentiras.

Más tarde, Keely soltaba verdades a veces; las voces solo le susurraban cosas en la cabeza. Le dijo a su padre que se avecinaba una fuerte tormenta de nieve, avisó a su profesora de que tenía que arreglar un agujero en la rueda y le dijo a todo el mundo que su madre iba a ganar diez dólares en el bingo. Keely solía meterse en problemas por sus perspicacias. La acusaban de hacer el agujero en el neumático y de hacer trampas en el bingo, y sus compañeros de clase la llamaban rara. Keely dejó de revelar las tintas. No quería saber nada más de ellos, los consideraba una molestia e intentaba ignorarlos la mayor parte del tiempo.

Un mensaje en voz baja rondó cerca de su oído, interrumpiendo sus sueños; las palabras del mantra de

Abuelita la despertaron de un profundo sueño en brazos de Will.

Cree que "im-posible es-posible" cree en ti misma. Tú puedes hacerlo.

Sintiendo una repentina urgencia por llegar a casa, los pies de Keely apenas tocaron el suelo cuando voló la corta distancia que la separaba del patio trasero, saltó por encima de dos tapas de cubo de basura abolladas y evitó por los pelos pisotear a Meowcher, el gato del vecino. No tuvo cuidado de amortiguar el impacto de la puerta mosquitera cuando se cerró tras ella. El portazo sacudió los pares de contraventanas desgastadas y deterioradas que enmarcaban tres ventanas en el extremo posterior de la casa, dos en el piso de arriba y una junto a la puerta de la cocina. Los tornillos oxidados se aflojaron y dos de los tres pares se desplazaron bruscamente hacia la izquierda y se inclinaron precariamente, listos para estrellarse y abandonar las ventanas mugrientas en cualquier momento.

El presentimiento de Keely aumentó cuando sus ojos se fijaron en los montones de facturas sin pagar que seguían sobre la mesa de la cocina, junto con un bocadillo a medio comer y una botella de Jim recién vaciada. Se detuvo a escuchar y detectó sonidos apagados procedentes del dormitorio de sus padres. Abrió la puerta con cautela y encontró a su madre llorando, intentando ahogar los sonidos con su almohada de lectura, uno de esos bultos de tela escocesa con los que apoyas la cabeza en la cama cuando devoras novelas románticas de veinticinco céntimos de euro sin portada, compradas en mercadillos.

—Hola, mamá —dijo—. ¿Qué pasa? La madre de Keely rara

vez lloraba por nada ni por nadie, así que aquella muestra de tristeza la desconcertó y no supo qué decir, pensar o hacer. Keely tocó torpemente a su madre entre los omóplatos y pudo sentir cómo el dolor punzante fluía a raudales por las yemas de sus dedos. Acarició en silencio el cuello y la espalda de su madre y empezó a tararear una canción de cuna que su madre solía cantar hace mucho tiempo, en una época anterior al dolor. La melodía las tranquilizó a las dos y, en aquellos pocos segundos, Keely sintió el origen del dolor antes de que su madre pronunciara las palabras, con sus lágrimas ensombrecidas resbalando de unos ojos entrecerrados.

La madre de Keely parecía una fotografía antigua descolorida. Tenía la cara descolorida, el pelo hasta los hombros, castaño como el ratón, ondulado y encrespado como nubes de algodón en un día húmedo. Eran los enormes ojos gris-violeta los que congelaban la tristeza, las largas pestañas que sombreaban su dolor y los labios caídos que temblaban con el ceño fruncido. Vestía un atuendo de diario: un largo delantal gris y negro, con rayas alternas, una negra y otra gris con motas blancas del tamaño de un alfiler, que colgaban por fuera y por encima de un mono holgado con parches en las rodillas, que había llevado su padre y que era tan grande que se le caía por las caderas.

—Tu abuela ha muerto.

A pesar de que Keely sabía lo que su madre iba a decir, estaba disgustada por la pérdida de una amiga cariñosa. Un recuerdo lejano de las palabras de la abuela bailó en su mente y las compartió con su madre.—Mamá, no te preocupes. La abuela está con nosotros para siempre, en nuestros corazones, en nuestras mentes. Siempre decía que cuando pensáramos en ella, sonriéramos, que ella nos vería y se reiría. ¿Recuerdas su risa, mamá? Escucha, oigo su felicidad. ¿Verdad? Durante el más breve de los chasquidos de dedos, la madre de Keely sintió, y luego oyó, tintineos de suaves carcajadas acariciándole el pelo, pero el momento pasó.—Basta, Keely. No seas estúpida. Suena bien, pero se ha ido, igual que el abuelo, y no va a volver. La vida continúa. Los abogados leerán el testamento la semana que viene y tu padre volverá a la ciudad. Ya no lloro más y no volveré a llorar. Tú tampoco deberías. Con esas palabras su madre cerró su corazón, y Keely salió de la habitación para llorar sola, en silencio. La voz de la abuela habló en voz baja desde las sombras de la esquina, rompiendo la quietud: —Está bien, Keely. No estés triste y no dejes que las malas palabras de nadie vuelvan a maltratarte. Repite la canción infantil que te enseñé a cantar en los momentos dolorosos.

—Palos y piedras pueden romper mis huesos, pero las palabras nunca me harán daño.

Keely canturreaba la rima una y otra vez, en voz baja, sin emitir los sonidos, tratando de ahogar las palabras; los palos y las piedras seguían golpeando su corazón, apuñalándola de dolor y tristeza.

Capítulo Tres

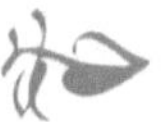

La voluntad

En la sala de espera de Fenster, Abercrombie y Smith, el bufete de abogados que llevaba los asuntos de Abuelita, había una reunión poco habitual. Las raídas cortinas de terciopelo, las desgastadas sillas de cuero con blondas de ganchillo que cubrían las quemaduras de cigarrillo y el olor a humedad y a viejo hacían pensar que el bufete había vivido tiempos mejores, al igual que los familiares de Keely. Los abuelos de Keely solían tener dinero, pero la mayor parte había desaparecido cuando la madre de Keely tenía ocho o nueve años. El abuelo de Keely tenía fama de blando con todos sus amigos y les prestaba dinero hasta que se le acababa. De niña, la madre de Keely se volvió amargada y llena de resentimiento hacia el mundo porque no dejaba de pensar en "si tan solo"; si tan solo aún tuvieran dinero, si tan solo todo fuera como antes y, años más tarde, si tan solo su padre aún estuviera aquí para abrazarla.

A la abuela le gustaba decir que la madre de Keely

siempre "se olvidaba de pararse a oler las flores", una de sus expresiones favoritas. Como ocurre con muchas cosas que dicen los adultos, Keely no estaba muy segura de lo que significaba, pero supuso que era el motivo de la tristeza de su madre. Se aseguraba de no olvidarse nunca de pararse a oler las flores, incluso en invierno, cuando las únicas que veía eran violetas africanas inodoras en el alféizar de la ventana de la clase de cuarto curso de la señorita Viola Sponheimer.

Unas botas de vaquero verdes y desgastadas asomaban por detrás de un tablón de anuncios que anunciaba los acontecimientos de la comunidad. El dueño de las botas parecía absorto en los detalles relativos a la erradicación de la invasión de la polilla gitana y no vio la entrada de Keely. Llevaba una camisa a cuadros rojos y azules metida dentro de unos desgastados Levi's azul claro, y el olor de su colonia de farmacia llegó a la nariz de Keely antes de que lo viera.

—¡Tío Don! —las botas y el cuerpo delgado como un raíl y más alto que el marco de una puerta que las calzaba casi se cayeron por la sacudida del abrazo de Keely—. ¿Dónde has estado? —preguntó ella—. No te hemos visto en un mes de domingos.

El hermano mayor de su madre intentó eludir la respuesta haciendo sus propias preguntas.—¿Ya has podido montar a caballo? ¿Y tu bicicleta? ¿Arreglaste esos pinchazos dobles?

La respuesta a ambas preguntas fue la misma: no, pero la táctica funcionó y Keely olvidó sus propias preguntas. El tío Don era una de las personas favoritas de Keely en el mundo, y solía visitarla una vez al mes. Desde que nació, era él quien montaba su tren y jugaba al chu-chu con ella durante horas, con las piernas y los pies doblados unos sobre otros, entrecruzados, al estilo indio. Torcía la boca como si fuera un claxon, encogiendo las mejillas para hacer diferentes ruidos con la locomotora, los vagones de mercancías y el furgón de cola, inventando melodías con sus sonidos. Por las noches, la metía en la cama y hacía el "5-5-5": cantar con la armónica (cantar cinco palabras, soplar cinco, cantar cinco) su balada favorita, "Danny Boy", con ese toque country en cada tarareo hasta que ella se quedaba dormida. Fingía que "las gaitas… llamando" de la balada se referían a su armónica en lugar de a las gaitas, ya que éstas no eran demasiado comunes en Cootersville. A veces, su tío llevaba un bigote largo, rizado y pelirrojo que hacía girar mientras canturreaba.

Keely observó a su padre entrar en la habitación, un hombre alto y delgado, con el pelo ralo y arenoso, pecas, sus pantalones caqui de todo el año y una chaqueta de punto azul marino con parches de piel sintética en los codos; los parches eran para ocultar manchas raídas, no para ir a la moda. En conjunto, parecía un hombre anodino, hasta que sonrió. Cuando sonreía, el verdor de sus ojos penetraba en las aburridas miradas a su alrededor, y su risa era contagiosa: nadie escapaba, ni siquiera la madre de Keely. Ahora, sin embargo, no era momento de sonreír, y lucía una expresión cerrada con un toque de tristeza en los ojos. Se inclinó, dio un rápido abrazo a Keely, le acarició la cabeza y le susurró al oído:—La abuela te quería mucho, y yo también. Siento mucho no poder estar aquí más a menudo para ti, pero tengo que trabajar y eso significa que estoy de viaje —se apartó y se enderezó un poco, secándose una lágrima.

—Puedes salir y esperar a que todo esto termine si quieres.

Probablemente serán cosas legales aburridas, no mucho para interesar a un niño de diez años.

—Está bien, papá —dijo Keely—. Quiero escuchar. Nunca he oído leer un testamento y prometo no molestar —además, Keely solo quería estar cerca de él durante los pocos días que estaría en casa, que normalmente eran una semana cada dos o tres meses. La madre de Keely llegó e inmediatamente se enzarzó con su padre en una discusión de adultos. Keely retrocedió dando tumbos, fuera del alcance de sus oídos, pero no antes de oír las palabras de reprimenda que lo bombardeaban por llevar la camisa con el cuello deshilachado a la vista de todos.

Eran casi las dos de la tarde, hora de la lectura del testamento, cuando un último caballero se unió al grupo. Su aspecto era digno de admiración. En la mente de Keely, algunas cosas eran tan diferentes que estaba bien mirar fijamente y llenarse los ojos con la novedad antes de meterse en problemas. La mirada valía el castigo. No era solo su volumen lo que intrigaba a Keely; era el color arena oscuro de su piel, la negrura de sus ojos completamente sin pestañas, el brillo del turbante que atrapaba su pelo y, por supuesto, la singularidad de su vestimenta. Sus ropas parecían hechas de arcoíris, tan transparentes, tan finas, como si las hubieran tejido mil arañas bajo sus órdenes después de una tormenta. Y sobre su cabeza se enroscaba una franja de tonos púrpura, como una cobra enroscada a punto de saltar. Mechones de rizos negros y verdes escapaban del turbante y permanecían indómitos; su piel respiraba, y cada pulsación liberaba aromas desconocidos que hacían oler el aire a quienes le rodeaban. Las volutas de aromas eran en realidad una mezcla de flores de lluvia poco comunes, encontradas bajo las cascadas, y corteza de arbusto de jazmín. La mezcla única movía las narices y arrugaba las cejas de los que estaban en el círculo más cercano a él: los ceños preocupados se relajaban. Extendió la mano hacia Keely, desplegando los largos dedos y mostrando una palma de color naranja brillante. Un hormigueo recorrió la espalda de Keely mientras hablaba.—Mucho gusto. Tú debes de ser Keely —dijo, dejando que las palabras flotaran en el aire—. Yo soy Simon.

La voz formal y rebuscada despertó extraños recuerdos de sueños pasados, pero al estrecharle la mano Keely fue incapaz de recomponer los jirones.—Creo que no te conozco. ¿De qué me conoces?

—Tu abuela era una amiga especial a la que conocía desde mucho antes de que nacieras. A menudo me hablaba de ti, así que creo que ya nos conocemos. Ahora soy dueño de los antiguos establos Robin Hood, recientemente reabiertos en una esquina de la antigua propiedad Sherwood.

Todos los presentes emitieron un sonoro grito ahogado al oír el nombre de Sherwood. El proyecto Sherwood había sido uno de los mayores escándalos de la historia de Cootersville. Más del cincuenta por ciento de la ciudad pidió dinero prestado, hipotecó sus casas y reunió hasta el último céntimo que tenía para invertirlo en este negocio. Se iban a construir tres fábricas en la propiedad, lo que garantizaría que la gente no tuviera que depender únicamente de la mina de carbón, ahora cerrada, para sobrevivir. Los carteles prometían diversidad económica y seguridad financiera. Todos reunieron su dinero para comprar el terreno, y el padre

"Yo Soy Simón."

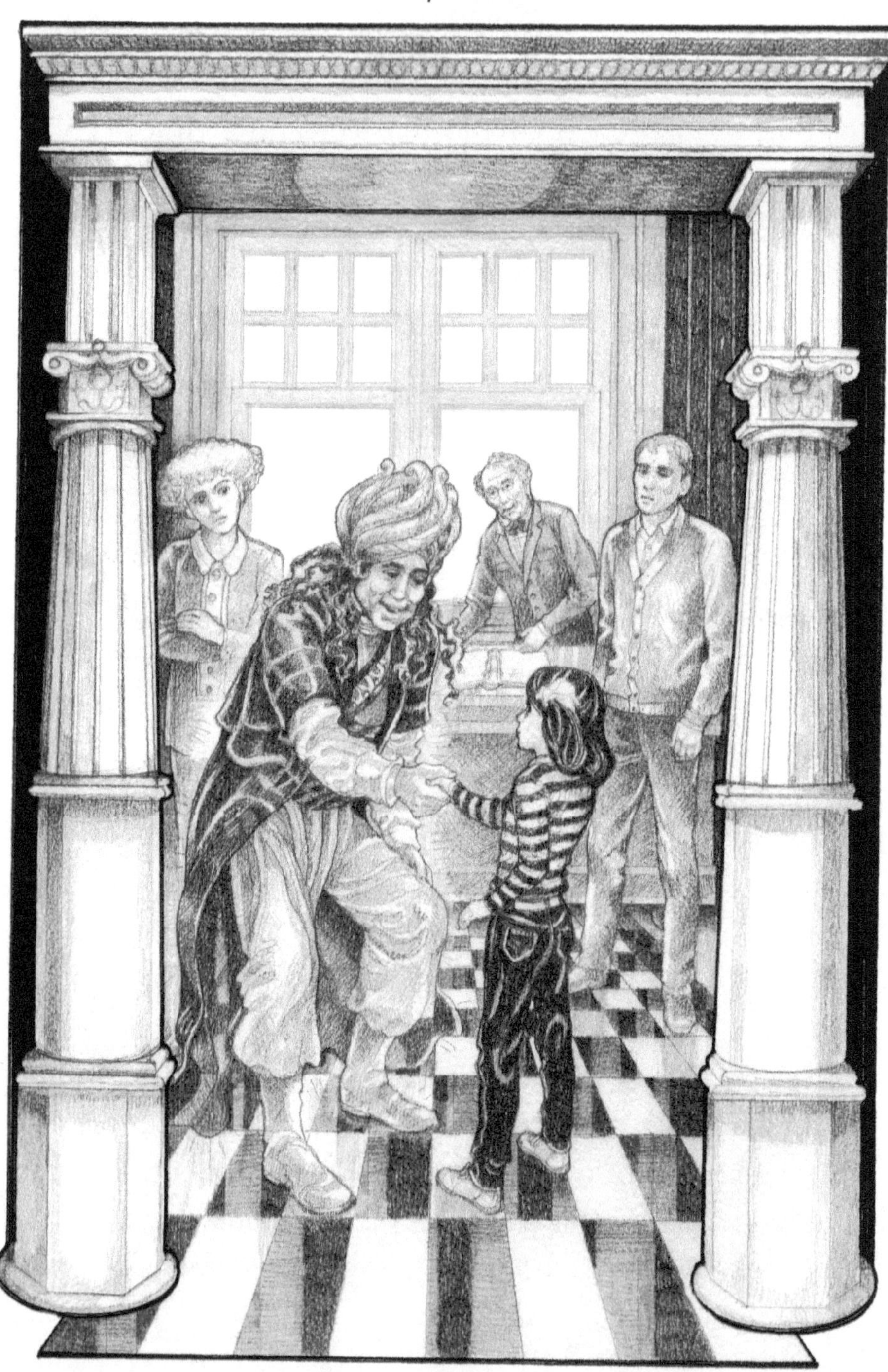

de Keely fue uno de los muchos inversores que perdieron la camisa cuando las tres empresas eligieron algún pueblo de Carolina del Sur en lugar de Cootersville. El valor del terreno cayó en picado y cientos de personas perdieron sus casas en las ejecuciones hipotecarias que siguieron. El escándalo creció cuando se descubrió que el Sr. Sherwood también era dueño de la propiedad en Carolina del Sur donde finalmente se construyeron las fábricas. El padre de Keely era uno de los afortunados que aún tenía trabajo, pero tenía que estar de viaje la mayor parte del tiempo para ganar lo suficiente para llegar casi a fin de mes. El Sr. Sherwood abandonó a sus vecinos y se trasladó a Carolina del Sur, llevándose todo su dinero. La propiedad, de más de cien acres, se convirtió en un enorme adefesio cubierto de maleza a las afueras de la parte de la ciudad donde vivía Keely, y hasta ahora nadie había mostrado interés en utilizar el terreno.

Cuando Keely abrió la boca para responder, el Sr. Smith anunció que estaba listo para leer el testamento, y el variopinto grupo se apiñó en un espacio aún más pequeño. Apretada en un despacho para dos personas, Keely se encontró de pie sobre las puntas de las botas vaqueras verdes del tío Don. Para no caerse, se agarró a uno de esos pesados y anticuados percheros de roble con lugares especiales para guardar sombreros.

—No te preocupes, Keely —le dijo el tío Don—. No dejaré que te caigas. Puedes seguir de pie sobre las puntas de las botas. Los dedos de los pies no están tan abajo de todos modos.

Su padre tenía razón en que muchas de estas cosas de abogados eran bastante aburridas. Keely descubrió que la cálida habitación, el brazo de su tío alrededor de su hombro, su reconfortante olor y el monótono zumbido de la voz del abogado se combinaban para adormecerla. Sin embargo, volvió en sí al oír su nombre y cuando el tío Don la sacudió suavemente el brazo.

—Y, a Keely Rosalie Tucker, le dejo a Mariah, mi yegua Appaloosa. Keely, es bastante vieja y debes cuidarla bien. Cepíllala y aliméntala todos los días, y no olvides ejercitarla. Aunque esté demasiado frágil para que la montes, hay que pasearla. Simon le ha dado un establo y seguirá haciéndolo mientras le ayudes con Mariah y a limpiar los establos. Eres una niña grande, Keely. Solo te confiaría el cuidado de Mariah a ti. Recuerda creer que lo "im-posible es-posible" cree en ti misma. Y nunca olvides que te querré hasta el fin de los siglos.

El abogado continuó:—Solo tengo una petición especial más para Maggie.

Maggie. Qué extraño, pensó Keely. Keely solo recordaba otra ocasión en que habían llamado a su madre Maggie en lugar de Margaret: el día en que había muerto su abuelo, un par de años antes. Miró a su madre para ver su respuesta y se sorprendió al verla sonreír con una sonrisa tierna que suavizó sus ojos; el color gris-violeta brilló brevemente, invitando a su padre a coger la mano de su madre y apretarla con fuerza. Keely apenas podía creerlo.

—Maggie, por favor, deja que Keely se quede con Mariah. Sé que te acuerdas de Mariah. Sí, es la misma yegua que viste nacer y pensaste que había vendido hace tantos años. Nunca la vendí, sino que se la presté a Roger Keifer, el hombre que compró el último de los establos y nuestros otros caballos. El acuerdo era que él podía utilizarla y quedarse con todos sus potros, pero yo conservaba la propiedad de Mariah. Hace unos meses se puso en contacto conmigo para decirme que no podía seguir teniéndola para siempre. Era demasiado vieja para seguir siéndole útil y me pidió permiso para sacrificarla. No podía soportarlo y llamé a mi viejo amigo Simon, que aceptó hacerse cargo de ella. Simon prometió cuidarla hasta que muriera de muerte natural, siempre que Keely le echara una mano. Los establos están a poca distancia en bicicleta de casa, y Keely podría aprender mucho. Por favor, Maggie, permítele experimentar a Mariah.

—Con esto concluye la lectura del testamento —dijo el abogado—. ¿Hay alguna pregunta?

No hubo ninguna.

Capítulo Cuatro

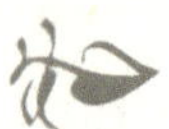

Conociendo a Mariah

Pasaron dos semanas, pero a Keely le parecieron una eternidad. Finalmente, su madre accedió a que se quedara con Mariah. El tío Don no solo le arregló los pinchazos de seis meses de su moto, sino que también le enseñó el truco de pasar por bordillos altos sin caerse. Le compró un par de botas vaqueras verdes con costuras rojas brillantes a los lados, como las suyas, y le dijo a su madre que necesitaba un par para trabajar en el establo. A ella le encantaban las botas, aunque para mantenerlas en los pies era imprescindible rellenar las puntas con papel de seda y llevar dos pares de calcetines gruesos. Luego, el tío Don la llevó a los establos de Simon para presentarle a Mariah antes de partir en su camión de dieciocho ruedas. Era camionero y repartía mercancías a cuarenta y nueve estados, todos menos Hawai, y se dirigía a Mississippi. Keely no sabía cuánto tiempo pasaría hasta que volviera a ver a su tío Don, pero lo echaría de menos. Era simpático, o sababa, como solía decir el abuelo. Keely no sabía de dónde venía esa palabra, pero siempre le arrancaba una sonrisa al abuelo cuando la usaba.

El tío Don le contó a Keely que su madre y Mariah habían sido inseparables durante el poco tiempo que Mariah fue suya y que su madre nunca perdonó a sus padres que se deshicieran de ella. El tío Don estaba tan sorprendido como los demás al descubrir no solo que Mariah estaba viva, sino que la familia seguía siendo su propietaria. Tío Don agarró con firmeza la mano de Keely mientras se acercaban al establo de Mariah aquella fresca mañana de septiembre, primera señal del otoño. El granero recién pintado -el único edificio con pintura fresca de Cootersville- se erguía fuera del camino luciendo su capa verde bosque a lo Robin Hood, oculto entre los árboles. Las dos puertas eran enormes, cada una dividida por la mitad, formando cuatro paneles en total; una X gigante pintada de blanco marcaba los centros-cuadrados de rayuela listos para una partida. Un ligero hueco rompía la lisa fachada. Tío Don y Keely empujaron la rendija sin llamar. Ambos se sorprendieron al sentir la brisa fresca que les rozaba y el dulce olor a heno recién segado que llenaba el aire. Su expectación creció a medida que los dos parpadeaban para adaptarse a la luz de las sombras. A la izquierda de las puertas estaba su destino, el establo triangular, más grande que la mayoría, donde guardaban el caballo de Keely. Un bocado y una brida se balanceaban suavemente de un lado a otro de los brillantes ganchos de la pared, y una manta de caballo usada, tejida a rayas de color rosa lavanda, colgaba del otro lado de la puerta.

Keely no pudo reprimir las primeras palabras.—¡O-oh-oooh! Es tan-tan-tan increíblemente hermosa. Mírala, tío

Don. Nunca he visto nada tan impresionante —el abuelo de Keely solía decirle que había momentos en los que realmente se te corta la respiración, solo por un momento, porque la sorpresa es tan grande. Y este fue uno de esos momentos.

Mariah tenía los establos completamente para ella sola y permanecía en silencio, pareciendo saber que ella era el tema de la conversación. Era de un blanco casi puro, con algunas motas plateadas a ambos lados y tres o cuatro salpicaduras en el lomo. Sus pezuñas tenían rayas verticales y, a la tenue luz del establo, parecían manchas de polvo dorado adheridas a sus surcos. Tanto la inclinación de la cabeza como su melena de gasa le ocultaron los ojos hasta que movió el cuello y miró fijamente a Keely.

—Oh, cielos —jadeó el tío Don—. Me había olvidado por completo de esos ojos. ¿Cómo se pueden olvidar los ojos? —eran blanquecinos, de un dorado oscuro con motas que los asemejaban a la piel bruñida de un tigre. Cuando Mariah parpadeó, Keely vio las largas pestañas negras como el carbón que se curvaban y rozaban las mejillas. La mandíbula caída de Keely fue el único movimiento; sus botas vaqueras la mantuvieron clavada en un punto junto al establo. Mariah dio un paso hacia ella y le acarició el hombro, y un pensamiento golpeó el sentido de Keely.

Un escalofrío recorrió la espalda de Keely y ocurrió algo increíble. Mariah le habló con una voz ligeramente entrecortada que hizo cosquillas en las pestañas de Keely antes de colarse en sus oídos:

—Keely, Keely, Keely, bien...venida —susurró entre su pelo—. Soy Mariah —continuó con suaves y cadenciosos trinos aflautados que sonaban como un coro de viento madera—.

Mi nombre significa "viento" las salvajes y solitarias que cantan, tocan los desiertos y hacen girar los mares. Llevo mucho tiempo esperando que vengas a mí.

Keely se volvió rápidamente para ver la reacción del tío Don, pero éste permanecía tranquilamente junto a la puerta del establo masticando un trozo de paja, actuando como si no ocurriera nada extraño.—Oh, Keely, ¿te he dicho alguna vez qué significa el nombre de Mariah?

—No, tío Don, pero Mariah me acaba de decir que su nombre significa "viento salvaje".

—Sí, claro. Acabas de conocer a Mariah y ya te está hablando —replicó—. No sé quién te dijo el significado del nombre *Mariah,* pero no creo que un caballo que habla sea tu fuente. Quizá tu madre tenía razón cuando decía que tienes "demasiada imaginación" —bromeó—. Deja que te enseñe a ponerle las bridas, cepillarla y darle de comer, y luego me subo a mi camión y me voy a la carretera. Sé que Simon también te enseñará a hacer estas cosas, pero yo puedo darte tu primera lección. ¿De acuerdo?

—Sh-h, Keely —respiró Mariah—. La mayoría de los adultos no pueden oírme hablar, y si lo hacen, creen que mi voz es el traqueteo del viento golpeando sus ventanas, así que dejemos que nuestras charlas sigan siendo un secreto. ¿De acuerdo?

—De acuerdo —respondió Keely, mientras tanto el tío Don como Mariah asentían con la cabeza.

Keely se concentró en la lección y aprendió rápidamente las tareas básicas del manejo del caballo. Dominó la técnica del cepillado y cómo colocar el bocado y la brida, deslizando la manta a rayas sobre el lomo de Mariah. La primera vez que salió del establo, antes de que Keely tomara las riendas, el tío Don, con una sonrisa de oreja a oreja, condujo a Mariah, que le llegaba a los hombros, alrededor de la valla sin pintar que rodeaba los establos. Simon llegó, observó y felicitó a Keely por sus esfuerzos. Los dos establecieron su horario de trabajo diario, organizándolo de modo que no entrara en conflicto con la escuela o las tareas domésticas.

—Bueno, Keely, será mejor que me ponga en marcha en mi viaje —dijo el tío Don—. Mi camión está listo y esperando. Aquí tienes una tarjeta con mi número de móvil personal. Dame un fuerte abrazo. Si alguna vez me necesitas, llama a cobro revertido. Intentaré ayudarte en todo lo que pueda. No dejes que nadie te llame estúpido. No hay mucha gente capaz de aprender lo que has hecho hoy, en una sola lección. Pon esos hombros hacia atrás. Mantén esa barbilla arriba, no abajo. Y recuerda cuidar esas botas.

—Adiós, tío Don —dijo Keely—. Gracias por ayudarme a convencer a mamá de que me deje quedarme con Mariah. Lo haré lo mejor que pueda —sus palabras no dejaban traslucir el "y si..." que se agitaba en la boca de su estómago: *¿Y si no puedo cuidar de Mariah? ¿Y si mamá se enfada conmigo y me dice que no puedo ver más a Mariah? ¿Y si me equivoco y meto la pata, como siempre? ¿Y si se me olvida lo que tengo que hacer? ¿Y si me entra el pánico? ¿Y si...?*

El padre de Keely se marchó al día siguiente en otro viaje de negocios, y el buen humor de su madre desapareció con él. Keely escuchó en silencio la letanía de tareas de su madre.—Ya te he dicho que, a partir de ahora, tus nuevas obligaciones diarias incluyen fregar el suelo de la cocina y-y-y-el-baño, antes de ir a los establos. Además, primero debes terminar todos tus deberes. Si no puedes hacer estas cosas, tendremos que decirle a Simon que no puedes seguir trabajando en los establos, y lo que le pase a Mariah será culpa tuya. No sé por qué acepté este loco acuerdo. Ah, y tu boleta de calificaciones: cualquier cosa por debajo de una C, y podrás adivinar el resto de lo que pueda pasar.

—Como si no tuviera bastantes problemas —murmuró Keely mientras se subía a la bicicleta y se dirigía hacia los establos a la primera luz de la luna. No se dio cuenta de que la seguía una bicicleta negra que se movía rápidamente, con un bastón de madera colgando del manillar.

—Siento llegar tan tarde, Mariah, pero la lista de "y" de mamá se alarga cada día, y si saco peor que una C, no me dejará volver a verte. Ya sabes cómo deletreo. Parece que no puedo recordar el orden de esas letras.

Están todas mezcladas en mi mente. Incluso cuando las veo correctamente, ¡mi bolígrafo las mezcla en el papel! Y las matemáticas de este año son terribles, con fracciones, porcentajes y divisiones. Realmente soy un dumbo.

—¡Tienes razón, Dumbo! —gritó una voz amenazadora y familiar desde la puerta oscurecida por el crepúsculo—. ¿Qué escondes aquí? ¿Tienes algún secreto? ¿Con quién hablas? ¿Con un pajar? ¿Con una pared? —el chico siguió golpeando el bastón con la palma abierta de una mano, pero el torrente de palabras cesó cuando Darrell vio a Mariah.

Sus palabras habían paralizado de miedo a Keely mientras avanzaba lentamente hacia Mariah.

¡Bum, bum, bum! El tercer golpe aterrizó en la puerta de su establo.

—¡No te atrevas a tocarle ni un pelo! —Keely gritó—. Es vieja y frágil. No la golpees, Darrell Foster.

Bum, bum, bum. Tres más aterrizaron en la puerta de Mariah. Darrell, hipnotizado por los ojos de Mariah, no dijo nada, pero el bastón de madera siguió golpeando, cada vez más cerca de la yegua inmóvil.

—Pégame, Darrell. Pégame a mí, no a ella. Por favor, Darrell, no la golpees. Pégame a mí.

La voz de pánico de Keely penetró en el estado hipnótico de Darrell, que se volvió lentamente hacia Keely.

—Ya lo tienes, Dumbo. Lo que quieres es lo que tienes —levantó el bastón en el aire para maximizar la fuerza del golpe contra sus brazos levantados, formando un paraguas sobre su cabeza.

El bastón nunca alcanzó su objetivo. Un tornado multicolor lo agarró y lo lanzó hacia el cielo. Al llegar a las vigas del granero, el bastón con cabeza de dragón explotó y se astilló en mil agujas que se clavaron en las vigas ennegrecidas por el alquitrán, con ojos de toro, que quedaron temblando en las sombras. Cientos de púas no dieron en el blanco y mordieron el polvo en una lluvia de astillas por el suelo.

—¡Ese palo solo sirve para palillos! —atronó el intruso más reciente del establo—. No vuelvas nunca más a mis establos, y si descubro que estás acosando o intimidando a Keely, Mariah o cualquier otra persona, te encontraré. Créeme. No escaparás. Vete de aquí —y Darrell lo hizo, tan rápido como le permitieron sus piernas de matón.

Keely se dio cuenta abruptamente de que los ruidos de hipo y sollozos provenían de ella. Con los hombros temblorosos, tiritando, incapaz de detener los temblores de sus manos o el temblor de su voz, se hundió en el abrazo acolchado de un arcoíris. Pasaron los segundos, y con un "suspiro de sótano", uno de esos suspiros más profundos que China, según Abuelita, el temblor, el pánico y los miedos se liberaron, e incluso se le escapó una pequeña risita.

—Guaao, nunca vi a Darrell moverse tan rápido —dijo Keely—. Ahora casi puedo reírme. Muchas gracias, Simon. No pudiste llegar en mejor momento. Nos has salvado a Mariah y a mí de una paliza segura. Todavía no puedo creer que estés aquí, que hayas venido en este momento en particular. ¿Cómo lo supiste?

—No te preocupes por eso, Keely —respondió—. Te oí gritar mi nombre. Llámame y vendré, siempre que me necesites, estés donde estés. Soy tu arcoíris, a tus órdenes. Buenas noches —y con esas palabras de despedida, ligeramente entrecortadas, salió del granero tan silenciosamente como había llegado.

—Mariah, no recuerdo haber pedido ayuda a Simon —dijo Keely—. ¿Le llamaste tú?

—Bueno, Keely —dijo aliviada Mariah en un torbellino de brisa que barrió los establos—, creo que puede haber sido un esfuerzo conjunto de las dos. Gritamos pidiendo ayuda con nuestros pensamientos, y él nos oyó. Ahora mismo, sin embargo, tenemos otra preocupación más inmediata. ¿Trajiste tus palabras de ortografía y tus problemas de matemáticas? A ver si mis ojos te ayudan a desenredar esas letras y números. Es hora de una lección mental formal.

—Por cierto —continuó Mariah—, antes de que te vayas, recuérdame que te cuente una noticia emocionante.

Capítulo Cinco

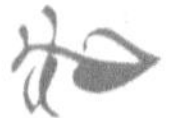

Milagros

Emocionante no fue la palabra que Keely eligió para describir la noticia de Mariah. Keely prefería la palabra *milagrosa*. Mariah estaba embarazada. Iba a tener un bebé, un potro. Mariah le dijo que nacería a principios de primavera, pero que, debido a su edad, necesitaría mucha ayuda de Keely. —Por favor, no se lo digas a nadie Keely. Tú y yo podemos ocuparnos de ello, y si se lo dices a la gente, solo creará problemas —le suplicó Mariah con su voz cantarina y ligeramente quebradiza.

Durante las semanas siguientes, Keely se las arregló para seguir el consejo de Mariah, pero cuando el abdomen de Mariah empezó a abultarse ligeramente, le resultó imposible guardar el secreto. Se lo contó a su madre y a su profesora, e incluso llamó al tío Don a cobro revertido para transmitirle el mensaje. Más tarde, deseó poder aspirar las palabras, succionar todas y cada una de las sílabas de sus recuerdos. Nadie la creyó, pero al menos el tío Don se preocupó lo suficiente como para llamar a un veterinario para que examinara a Mariah.

El veterinario era el único en todo el valle y caminaba arrastrando los pies. Sus hombros se inclinaban hacia delante y se agachaba para coger su maletín negro de médico, cubierto de recordatorios adhesivos amarillos de citas garabateados a toda prisa, antes de entrar en su caseta. Keely y su madre se sentaron en la barandilla de la caseta de Mariah mientras el veterinario procedía a examinarla. Había silencio, excepto por el nervioso *tapity-tap-tap* de la bota de Keely contra la puerta.

El examen y las pruebas del veterinario confirmaron que Mariah no estaba embarazada. Sus palabras resonaban una y otra vez en la mente de Keely:—Los caballos de su edad rara vez dan a luz, pero algo está creciendo en su interior y me temo que es un tumor canceroso. Lo siento mucho, Keely. Tendrás que ponerla a dormir cuando el tumor aumente de tamaño y empiece a tener demasiado dolor. Nunca he visto este tipo de tumor en un caballo, pero sin embargo está ahí. Llámame cuando empiece a tener dificultades para respirar y decidas que quieres acabar con su sufrimiento.

La reacción de Keely fue explosiva y desgarradora. Se tapó los oídos con las manos -rojas y agrietadas por el amoníaco- y cerró los ojos, pero se le inundaron de todas formas.—¡No! ¡No! ¡No! —gritó—. *¡Mentirosa!* Eres una mentirosa.

Su elección de palabras fue desafortunada. A pesar de que el veterinario dijo que estaba bien, que sabía lo molesta que estaba y que no importaba, no estaba bien con su madre.— Keely, estás castigada por un mes. Obviamente puedes ir a la escuela, pero no puedes salir, ver a tus amigos, ir al parque, trabajar en el establo o ver a Mariah. Lo siento, Keely. De verdad que lo siento —algo en el tono, cierto cansancio y pena persistentes, hizo que Keely mirara a los ojos de su madre: las lágrimas brillaban, sin caer, aferradas a las pestañas. No se dijeron más palabras, pero el dolor era compartido.

Keely se negó obstinadamente a creer en la fatal predicción del veterinario. Esa misma noche, tumbada en su colcha de retazos de franela, expresó en voz alta algunos de sus pensamientos de rabia.—Oh, ese estúpido veterinario es un idiota. Es un mentiroso; no sabe nada. Estoy tan enfadada que podría escupir.

El silencio de la noche se rompió con el sonido de Mariah interrumpiendo sus palabras.—Hola, Keely. Estoy aquí —Keely rodó de la cama en estado de shock y corrió hacia la ventana, ahora pintada con los dedos de escarcha, el frío de una primera nevada.

—¿Dónde? Luchó por abrir el pestillo helado, mirando intensamente el lecho de estrellas que acolchaba el cielo, como si una de ellas fuera Mariah.

—Ahí no, tonta. Estoy en los establos —rió Mariah—. Simon es mi ángel de la guarda sustituto hasta que puedas volver. No te preocupes, aún podemos oírnos y hablar juntos con nuestros pensamientos. Simon me prepara algún brebaje secreto de vitaminas y miel de color púrpura dorado que, según dice, ha recolectado personalmente en algún lugar cercano al vientre de un arcoíris. Sea lo que sea, el sabor es delicioso. Me lleva a dar paseos cortos, pero solo cuando se pone la luna y aún no ha salido el sol. Por favor, no te molestes por el diagnóstico del veterinario. Fue muy amable, pero se equivocó. Los veterinarios no lo saben todo.

Mariah siguió dando clases mentales a Keely hasta tres

veces al día. Una vez al día, Keely se sentaba en el suelo con las piernas cruzadas, los ojos cerrados, las manos extendidas, las palmas hacia arriba, despejando sus pensamientos. Mariah le dijo que pensara en algo bello que mantuviera su atención, y Keely siempre pensaba en arcoíris y cascadas para lavar su mente. Hizo esto durante unos diez minutos, hasta que los nudos se desataron y las palabras y los números se desordenaron, encontrando el orden correcto. Mariah le enseñó a hacer una versión rápida de diez segundos de este ejercicio antes de cada examen de matemáticas y ortografía. Estos trucos para secuenciar letras y números, para deshacer el desorden, dieron resultado. Keely consiguió sacar un aprobado raspado tanto en ortografía como en matemáticas.

—Para ser sincera, Mariah, los suspensos probablemente eran realmente suspensos, pero el profesor dijo que lo hice bien y quedó impresionado con mi esfuerzo. ¿Te lo puedes creer? Las palabras de la señorita Sponheimer me sentaron tan oh-tan-bien, Mariah, como el sol que se cuela entre las nubes y te calienta aunque estés sentada a la sombra.

Sin embargo, los contundentes comentarios de su madre, Jim Beamed, devolvieron a Keely a la tierra de golpe.—Probablemente tu profesor se equivocó. Seguro que el próximo trimestre sacas el suspenso de siempre. Tampoco tendrás que preocuparte por Mariah durante mucho más tiempo. Por lo que parece, pronto estará muerta.

Keely se tapó los oídos con las manos, cerró los ojos y se concentró en deslizar las palabras en su piscina, suspirando profundamente mientras se hundían en la oscuridad. Se escondió. El dormitorio de Keely era su refugio; las desconchadas ampollas de pintura rosa estaban cubiertas de bolsas de supermercado marrones de varios tamaños del mercado Piggly Wiggly, abiertas, colocadas en horizontal y pegadas a las paredes con cinta adhesiva. Cada centímetro de color marrón estaba lleno de dibujos de sus sueños: estrellas, arcoíris y cascadas de fragmentos de espejos empapelaban su tristeza. Utilizaba lápices de colores, tizas rotas desechadas por su profesora, rotuladores cogidos de los cubos de basura y pintura de dedos para crear arcoíris con plumas de pavo. Keely pintó cinco dedos -uno rojo, uno verde, uno amarillo, uno morado y el pulgar naranja- y los pasó de un tirón por cada dibujo, creando un arcoíris en el cielo. Aquí no había monstruos, era un lugar seguro.

Por fin terminó el mes y Keely corrió a ver a Mariah después de llenarse los desgastados bolsillos del abrigo del coche con terrones de azúcar y zanahorias. Cuando abrió la puerta del establo, sus ojos se abrieron de par en par por la sorpresa que no podía ocultar y por el miedo que no quería expresar.—Los cambios son... tal vez... —y al instante bloqueó más palabras de los pensamientos que sabía que Mariah estaba oyendo. El pelaje de Mariah era ahora más plateado que blanco, su melena colgaba sin fuerza como una fregona de hilo húmedo y aquellos ojos de tigre brillaban con tal dolor que las lágrimas afloraron a los de Keely. Tenía el vientre abultado, pero fue su pelaje en esa zona lo que llamó la atención de Keely. No era ni blanco ni plateado, sino que se había convertido en una enorme mancha irregular de color morado verdoso; su brillo era casi lo bastante intenso como para ver el reflejo de la mano de Keely con la que alargó la suya para acariciar a Mariah. Sus dedos acariciaron suavemente la creciente mancha y, como si estuviera en un sueño perdido, ahora encontrado, Keely empezó a cantar suavemente. Recuperó la melodía de aquel jardín encantado y lleno de niebla de los recuerdos de su abuela. El ritmo de la letra y el suave toque de Keely calmaron a Mariah y el dolor desapareció de sus ojos.

—Mariah, ¿estás sufriendo demasiado? ¿Qué puedo hacer por ti? ¿Cómo puedo ayudarte? ¿Ha ocurrido algo terrible? No lo comprendo. Nunca me dijiste que te dolía tanto cuando hablábamos por las tardes.

—Keely, no te preocupes —respondió Mariah—. Estoy bien ahora que estás aquí. Todo irá bien. Solo me equivoqué un poco cuando nacerá este potro. No sé la fecha exacta, pero será mucho antes de lo que pensaba. El potro está creciendo mucho y a veces me cuesta un poco recuperar el aliento, por eso suspiro mucho más —se ríe Mariah—. Simon sabe lo que tiene que hacer. Escúchale y ayúdale cuando llegue el momento. Al fin y al cabo, será la última. Ahora mismo, tus caricias son exactamente lo que necesito. Sigue acariciando a mi bebé. Le traes paz. ¿No sientes cómo se mueve bajo tu mano? Le gusta —su voz susurró en voz baja, los sonidos arremolinándose como vientos atrapados en un rincón sombrío.

Era cierto. Keely sintió que el potro se movía mientras sus dedos rasgueaban el bulto, sintiendo paz y armonía. Pronto Mariah se durmió, y Keely siguió cantando y acariciando hasta que sus propios ojos se cerraron y se unió al sueño de Mariah de vientos salvajes girando en dunas de arena roja. Simon entró en el establo en silencio y tocó los mechones de pelo que se escapaban del gorro de lana roja de Keely, despertándola. Luego se inclinó y le habló con el pensamiento, diciéndole que por el momento debía irse a casa y que él la llamaría si ocurría algo.

Keely siguió su sugerencia y, cuando se dejó caer en la cama, sintió la profundidad del agotamiento en la pesadez de sus huesos. En cuanto cerró los ojos, se durmió. Vio el arcoíris, pero no soñó; durmió, vio el arcoíris, pero no soñó.

Capítulo Seis

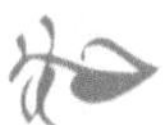

Chupadores de tiempo

Las semanas siguientes pasaron borrosamente, como si uno de aquellos gusanos de las especias estuviera chupando arena en el reloj de arena del abuelo. Después de que el abuelo enfermara, solía contarle a Keely que un gusano de las especias de aquel *"maldito libro de Dune"* se había soltado en su propio reloj de arena, el de casi un metro de altura que él había construido y llenado con arena roja y brillante recogida en las dunas de Arabia Saudí. No era un reloj de arena de sesenta minutos, como la mayoría, sino que tenía un diseño especial, y la arena tardaba al menos un mes en deslizarse de un lado al otro del cristal. Estaba en una estantería encima del único televisor de la casa, junto a las antiguas guías turísticas del abuelo sobre Asia, Sudamérica y Oriente Próximo. La habitación tenía paredes grapadas de paneles de imitación de madera de abedul ligeramente combados y desparejados, una oferta especial de Home Depot con un descuento del 50 por ciento.

Si uno miraba detrás del desgastado sofá, envuelto en una funda protectora de vinilo que lo había mantenido a salvo de las salpicaduras durante más de diez años, podía ver un pequeño trozo de pared desnuda de medio metro cuadrado donde el abuelo se había quedado sin paneles. Permanecía oculto y nadie le prestaba atención. Cuando niños o adultos por igual se sentaban en días calurosos de verano, otoño o invierno, las espaldas y las piernas expuestas se pegaban instantáneamente a la cubierta de plástico de los riachuelos de sudor que corrían por sus cuellos. A izquierda y derecha del sofá había mesas auxiliares desparejadas, estropeadas repetidamente por vasos golpeados contra superficies de madera falsa. Los anillos blancos impresos en la veta por los vasos mojados mientras veían lucha libre, concursos o "las telenovelas" -el brillo se renovaba semanalmente con un par de chorros de abrillantador inglés para rascar y cubrir-. La zona del televisor también servía de sala de estar cuando venían visitas, así que, aunque se utilizaba poco, se mantenía ordenada, "por si acaso" había invitados.

El abuelo odiaba al gusano de las especias de su "reloj de arena" y lo acusaba de ser una sanguijuela gigante, que chupaba la arena, haciéndola deslizar demasiado deprisa, robándole el tiempo. Ahora parecía que se estaba comiendo el tiempo de Mariah. Cada día estaba más débil y el bulto se hacía más grande, pero Keely escuchaba las palabras de Mariah: palabras tranquilizadoras, palabras de no te preocupes, palabras de todo irá bien. Keely quería creerla y lo hizo.

Era noche de luna llena y la luz se filtraba a través de los visillos de las cortinas, de muselina desgastada y remendada con entretela planchada, la respuesta de su madre a los agujeros. Los dedos de hielo de Lacey acorralaban los cristales y el único sonido era el leve susurro del viento.

Keely, ven conmigo. Ya es la hora. Ven a mí. Ven conmigo. Los pensamientos de Mariah zumbaban en su oído.

Al despertarse sobresaltada, Keely se vistió rápidamente, poniéndose unos pantalones de chándal y una sudadera por encima del pijama. Hizo una pausa para ponerse dos pares de calcetines antes de meter los pies en las botas de vaquero verdes, ya bastante desgastadas. El pánico se apoderó de su mente y sus pensamientos volaron sin ser expresados. *Es la hora. Oh, no. Es la hora. Ayúdenme. Ayúdame, por favor. Simon, ven. Ven, por favor. Ayúdame. Mariah, no tengas miedo.*

Vaya, espero que no esté tan asustada como yo, pensó Keely mientras pedaleaba sobre el suelo, todavía cubierto de esa crujiente nieve helada, de esas que no sirven para hacer muñecos ni ángeles de nieve y que solo sirven para pisar hielo. Ese mismo día, Keely y un par de amigos más jóvenes del vecindario se dedicaron a pisar hielo, saltando de un escalón a otro y haciendo crujir el hielo hasta dejar gigantescas huellas por todo el parque. Luego se arremolinaron y siguieron al monstruo hasta su guarida. Los neumáticos de Keely entraban y salían del camino de huellas gigantes. Creyó oír los pisotones del monstruo que la perseguía y pedaleó aún más furiosamente, sin darse cuenta de que el ruido sordo no venía de detrás de ella, sino que estaba dentro de ella.

La luz de la luna, de un amarillo zafiro poco frecuente, se derramó sobre los establos y los fuegos artificiales de estrellas estallaron en el cielo invernal. El cinturón de Orión se desató y la Osa Mayor rebosó de arcoíris. Keely llegó a la puerta del establo al mismo tiempo que Simon.—He venido, Keely. Te oí pronunciar mi nombre. No tengas miedo; todo irá bien —Keely se agarró a su brazo para apoyarse mientras corrían hacia el establo de Mariah.

Pero no todo iba bien; de hecho, todo iba mal. Una inquietante luz azul orquídea parecía rodear a Mariah mientras yacía gimiendo sobre un montón de paja en las sombras. La desconcertante mancha había crecido, estirando la piel hasta que parecía que iba a reventar con la siguiente respiración. Jadeos superficiales y entrecortados expresaban el dolor de Mariah. Keely extendió inmediatamente las manos tres octavas y tocó con los dedos aquellas antiguas melodías sobre las protuberancias incandescentes, cantando suavemente mientras tocaba. Pero no pudo detener la tormenta de lágrimas que caía de sus ojos; sus dedos no pudieron evitar que aquellos últimos granos de arena fueran succionados del tiempo de Mariah.—Te quiero, te quiero, Mariah. Te quiero, te quiero, te quiero.

Las palabras de Simon la hicieron centrarse de nuevo.—Keely, ayúdame. Debemos movernos rápido si queremos salvar al potro. Morirá si no lo sacamos de Mariah ahora mismo. Haz exactamente lo que te digo. Empuja en el bache más grande. Empuja con todas tus fuerzas. Intentaré sacar al potro.

Los ojos de Mariah se abrieron ligeramente y, solo por un momento, brillaron con su antigua determinación.—Te ayudaré, Keely —murmuró—. Este es mi momento; ella es la razón por la que estoy aquí. Empuja, Keely. Yo también empujaré —y Mariah lo hizo.

—La cabeza del potro es tan grande —dijo Simon—. No

puedo sacarla sin... sin... —Dejó la frase sin terminar, pero Keely sabía el resto.

—Hazlo, Simon —dijo—. Mariah lo sabe.

Trabajaron febrilmente durante varios minutos, y el resplandor azul orquídea se extendió, cubriendo toda la caseta. En el fondo se escuchaba una música melódica -laúdes, flautines, flautas, cuerdas- que iba in crescendo.—Mira esto, Keely. Mira esto —simon acurrucó al potro recién nacido, acurrucándolo en el arcoíris de sus brazos.

En ese mismo instante, una ligera brisa suspiró a su alrededor, rozando sus sonrisas y erizando el pelaje a lo largo del cuello del potro.—¿No es preciosa, Keely? —sopló el viento mientras corría a través de las vigas hacia las estrellas, hacia el iris arqueado del arcoíris que esperaba y más allá—. Cuídala. Quiérela, quiérela, quiérela.

La pena de Keely y Simon viajaba en la cúspide del suspiro, la alegría llenaba el espacio vacío con cada respiración del milagro que ahora yacía en los brazos de Simon. Mariah se había ido, pero su recuerdo permanecía.

La cría, de un blanco puro, tenía un pelaje azulado que parecía brillar incluso en la penumbra de los establos. Su cabeza era demasiado grande y se tambaleaba un poco de un lado a otro. Prefería acurrucarla contra el brazo de Simon en lugar de mantenerla erguida y mirar a su alrededor. Sin embargo, el bamboleo se olvidó en cuanto abrió los ojos. Unos brillantes ojos violetas, blanquecinos, con centros en forma de flor desconocida, llenos de oro en maceta, miraban fijamente a Keely y Simon. Ambos jadearon de asombro e inmediatamente sintieron una presencia especial en esta pequeña potrilla, algo diferente, incluso de Mariah.

El sentido de la tinta de Keely estaba en alerta máxima y el aire vibraba de alegría.

La profundidad de la voz de Simon, que sonaba como un murmullo lejano y apagado de una cueva distante, despertó a Keely del hechizo de los ojos.—Keely, ha llegado el momento de que te vayas a casa. Yo cuidaré del potro y enterraré a Mariah en un lugar especial lejos de aquí. Por favor, llama al veterinario por la mañana. Necesitamos que vea al potro que fue imposible. Es una buena idea que la revise y se asegure de que está bien. ¿Estás de acuerdo?

—Vale, estoy de acuerdo si tú lo dices —refunfuñó Keely. No estaba nada convencida de que el veterinario fuera a ser mejor esta vez que con su último diagnóstico.

Capítulo Siete

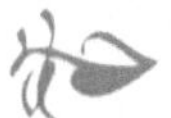

Creer

El contestador automático respondió al cuarto timbrazo y Keely tecleó rápidamente su mensaje. —Reúnase conmigo en los establos a las diez de la mañana, Dr. Correcto—quería llamarle Dr. Incorrecto, pero decidió que su madre lo consideraría —*atrevido —desde luego, no quiero correr el riesgo de que me vuelvan a castigar*, pensó Keely mientras colgaba el teléfono.

La punta arañada de una bota verde empujó la puerta de la mosquitera mientras sus brazos se llenaban de cosas: algunas de esas mantas de trapo de algodón, manchadas hasta más no poder, y una vieja lámpara de cerámica verde, ligeramente agrietada, todavía utilizable, con su propia pantalla quemada por el sol, que era como la abuela llamaba a las pantallas de las lámparas que jugaban a las escondidas con las bombillas y acababan con manchas redondas y negras de quemaduras. También sacó una linterna abandonada, todavía medio llena de aceite; el latón moteado se había vuelto verde por años de "no uso", su madre había etiquetado casi todo el contenido del desván como objetos "sin uso", su término para la chatarra.—Es perfecta para esas noches sin estrellas —murmuró Keely.

Sin embargo, el verdadero hallazgo procedía del baúl del desván del abuelo: una alfombra de aspecto algo andrajoso lo bastante grande como para que dos personas se sentaran en ella. Tenía el centro muy desgastado y unos misteriosos emblemas se entretejían en una cadena ininterrumpida, formando un molinete que salía de los bordes exteriores en círculos cada vez más pequeños, desapareciendo en la minúscula mota dorada del centro.

La madre de Keely aprobó los hallazgos de su búsqueda del tesoro y, en un acto de bondad poco común, se mostró encantada con la noticia del nacimiento del potro. Ella misma rebuscó en el desván y encontró algunos biberones de cristal de un baúl de mimbre que siempre había prohibido a Keely. No se fijó por dónde iba y tropezó con una pila de viejas fotos polvorientas -incluida una de su propia madre, la abuela, de joven- que sostenían a su pequeña hija para que pudiera tocarse la nariz y oler las flores colgantes del jardín.

—Keely, ya es hora de que yo también limpie mis cosas viejas —le dijo su madre—. Estoy segura de que el potrillo las necesitará desde que perdió a su mamá —después de decir eso, sin embargo, y tras entregarle los biberones a Keely, cerró la tapa del baúl de mimbre forrado de azul, empujándolo una vez más a las entrañas del desván. Unas manos polvorientas le apartaron dos lágrimas deslizantes de los ojos mientras bajaba por la escalera abatible del desván. Aún no era la hora de su madre.

Keely metió todos sus tesoros en los compartimentos del

abuelo en su cansado y fiel vagón Radio Flyer, que a menudo hacía las veces de carro rojo en momentos de necesidad, y éste era un momento de necesidad. El abuelo había incorporado separadores especiales para que ella pudiera transportar sus cosas sin que rodaran y se mezclaran. Estaba tan atenta a que la sombra quemada por el sol no se aplastara y a que los biberones y la linterna estuvieran envueltos en las mantas que no se dio cuenta de la extraña banda que la esperaba. Meowcher, el enorme gato calicopintado de cara negra y cola a rayas de tigre del vecino de al lado, y Growler, el perro salchicha mestizo de pelo largo y manchas dálmatas del mismo vecino, permanecían quietos junto a la vieja carreta roja. La pareja tenía un aspecto extraño, como si estuvieran muy atentos, esperando sus órdenes. Meowcher debía de haber enchufado el rabo a una toma de luz, porque su pelaje y todos sus bigotes estaban erizados, a juego con su cola en forma de signo de exclamación (¡!), que normalmente parecía un signo de interrogación (¿?). Growler... bueno, Growler, era solo Growler, pero sus orejas y cola manchadas de tinta habían sido sumergidas en almidón o congeladas instantáneamente en posición recta y erguida.

—Buenos días, chicos. ¿Qué tal va todo? —preguntó Keely—. ¿Quieren venir a ver algo muy especial? Si es así, síganme. Nos vamos a los establos.

Keely enganchó su carro a la bicicleta, atándolo firmemente al porta-libros trasero, y cabalgó lentamente por el camino lleno de baches hasta el establo de los potros. Tanto Meowcher como Growler eran sus soldados de infantería, vigilando la retaguardia con sus colas de atención.

Llegaron justo cuando el veterinario se detuvo en su

camioneta Chevy de época, más vieja que Keely, con un par de gigantescos carteles imantados de color naranja fluorescente de medio metro de largo en los laterales, gritando su llegada. El abuelo de Keely solía decir que esos imanes eran una monstruosidad. Hacían daño a los ojos porque eran enormes y naranjas. Por supuesto, al abuelo nunca le importó utilizar imanes más pequeños de Domino's o Pizza Hut para sujetar notas importantes en la puerta de la nevera. Sin embargo, alguien con un malvado sentido del humor había vuelto a jugar con los imanes del doctor Correcto; uno yacía encima del otro formando una enorme "X" en el lado del pasajero de su coche, salpicado de barro, y Keely ladeó la cabeza para descifrar las palabras:

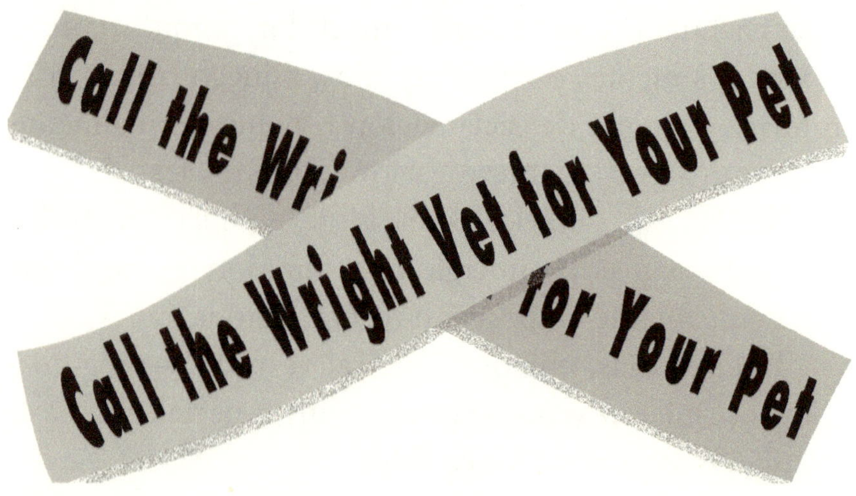

llama al veterinario Correcto para tu mascota

—Sí, parece que el Dr. Incorrecto estuvo aquí —murmuró Keely en voz baja, para sí misma.

Keely, Meowcher y Growler siguieron al Dr. Correcto

al establo, con Keely arrastrando el carruaje cargado detrás de ella. Keely se asombró al ver a la potrilla de pie, con la cabeza todavía inclinada hacia un lado mientras chupaba con avidez algún tipo de brebaje lechoso de un gran biberón azul cubierto de pequeños bloques alfabéticos que sostenía Simon. Con la otra mano, sostenía una bolsa de agua caliente de goma roja envuelta en una vieja toalla amarilla contra una zona hinchada de la cabeza del potro. De la bolsa salía vapor, pero el calor no molestaba al potro. Le gustaba el calor y empezó a frotar la zona hinchada contra el punto caliente de la palma de la mano de Simon, manteniendo un ritmo constante mientras amamantaba. Las comisuras de sus labios goteaban y manchas de leche salpicaban su nariz, el suelo y los pies de los más cercanos.

Simon había cumplido su palabra y se había llevado los restos de Mariah a un lugar especial muy lejos de allí. La mezcla de los dulces olores de la paja fresca y la leche caliente que desprendía algún aroma desconocido llenaba el establo. Meowcher, Growler y Keely, al notar la fragancia, inclinaron la cabeza al unísono, olfateando el aire. *Hmm qué olor tan maravilloso*, pensó Keely. *¿Me pregunto qué será?*

—Yo quieeero saber —balbuceó Meowcher. Su lengua áspera lamió las gotas perdidas que salpicaron delante de ella.

—Y conmigo somos tres —ladró Growler con una voz tan baja y rasposa que las palabras zumbaban como las cuerdas de un bajo.

Keely estaba en estado de shock. Había oído tanto las palabras habladas como los pensamientos tácitos de Meowcher y Growler. *Esto es muy extraño; tal vez sea mi imaginación. Realmente creía haber oído a Meowcher y Growler preguntarse por el extraño olor.* Miró fijamente a la pareja que seguía en posición de firmes a sus pies.

—Lo has hecho —ronroneó Meowcher. Era obvio que Meowcher era una belle feline sureña, una encantadora; hablaba despacio, dividiendo sus palabras en dos sílabas en lugar de una. Se pavoneaba en lugar de caminar y cuidaba sus modales *cuando daba las gracias.* Sus dueños la habían rescatado de un refugio de animales, donde había sido abandonada por gente "con mala suerte" como le gustaba decir a Meowcher. Era una gata preciosa, y su peculiar y delicada forma de hablar, la convertía en una gata misteriosa. Sus anteriores dueños eran una familia de ricos empresarios que perdieron su dinero en los malos tiempos. Abandonaron su mansión en una colina, la ciudad y a Meowcher. Desde el día en que fue rescatada, Meowcher se encariñó con su nueva familia y se unió inmediatamente al desaliñado Growler, convirtiéndose en su compañero constante en las cacerías diarias por el barrio Su voz grave recordaba a Meowcher a los cantantes de blues jazzy que solían actuar en los conciertos de verano al aire libre en Nueva Orleans, a los que ella asistía todos los años con sus antiguos dueños. Meowcher había nacido en Nueva Orleans, y sus dueños la habían comprado a un criador de gatos en uno de esos viajes de verano. Aquel primer viaje escuchó a un imitador de Louis Armstrong y a una tal Tina gruñir juntos a través de un micrófono, y así nació la afición de Meowcher por los ronroneos y gruñidos de jazz.

Los dos formaban una pareja insólita y se habían hecho cargo de Keely desde el principio, reconociendo el desamparo y la soledad de su paso. La siguieron durante meses,

A los establos

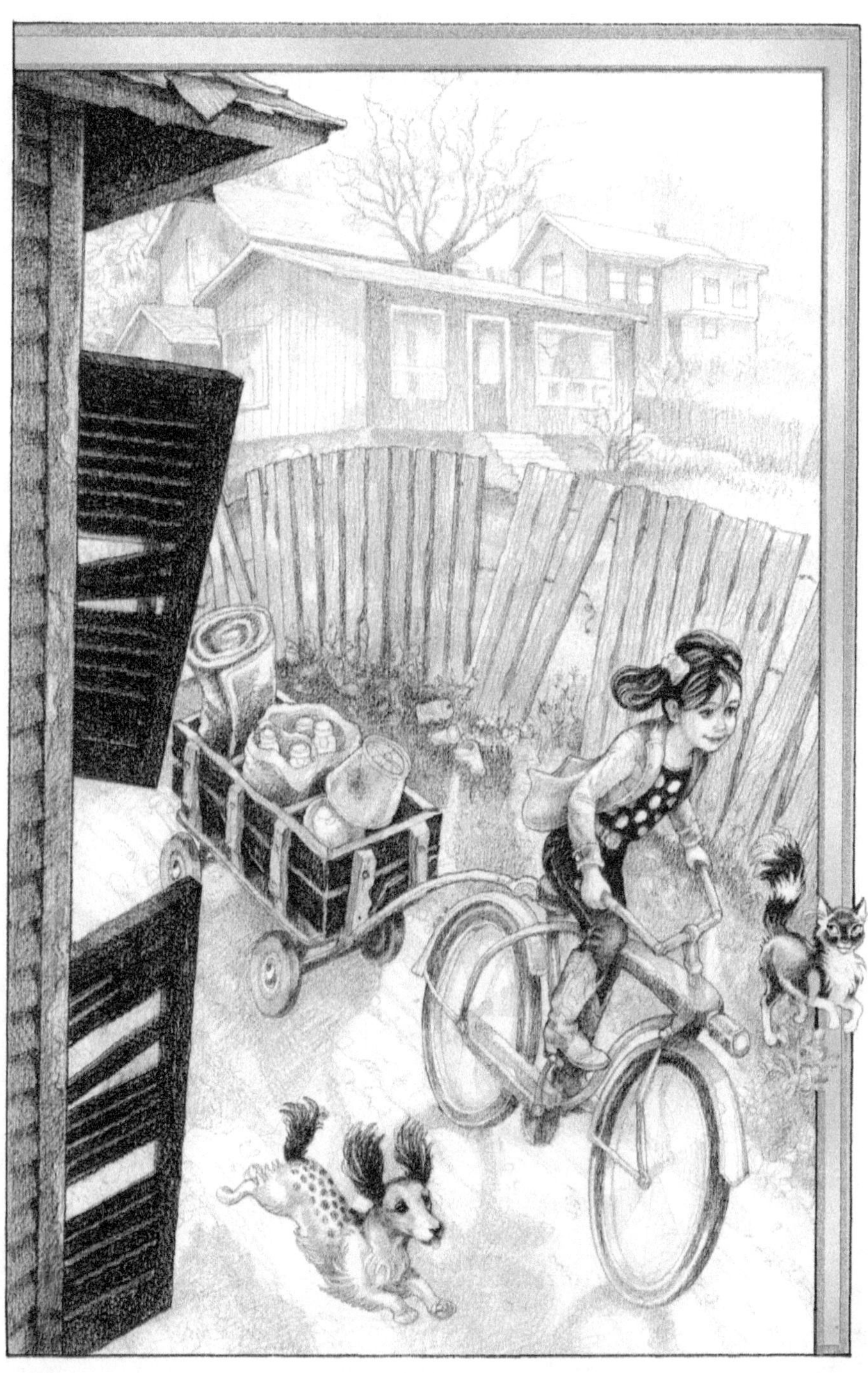

ofreciéndole su compañía en silencio, apareciendo siempre que Keely daba patadas a latas en el callejón, saltaba guijarros en la acequia o vagaba sola por solares llenos de escombros. Keely se acostumbró a que estuvieran allí; su presencia la reconfortaba.

—Sí —respondió Growler con su gruñido gutural de tono grave, que ronroneó en los oídos de Meowcher—. Has oído bien.

Antes de que Keely tuviera la oportunidad de asimilar estos nuevos fenómenos, escuchó la respuesta a su pregunta.— Es la esencia de las flores de frangipani y los nódulos derretidos de las ampollas de bálsamo —habló Simon en voz baja para no perturbar la alimentación del potro. Keely sacudió la cabeza y miró fijamente a Simon para ver si realmente había hablado o ella había escuchado sus pensamientos. Se sintió aliviada al descubrir que sus labios se movían y que las palabras eran palabras en el aire, como diría su abuela, no solo palabras mentales.

La exclamación del doctor Correcto interrumpió los pensamientos de Keely:—¡Vaya! No me lo puedo creer. Después de todo, a esa vieja le quedaba una más—. Déjame echarle un vistazo, Simon. Debo admitir que parece que Keely y tú han hecho un buen trabajo —Keely hizo una mueca al oír el término "buen trabajo", aunque sabía que significaba literalmente "buen trabajo", sonaba mal y le recordaba a Darrell.

El doctor Correcto se echó hacia atrás su sombrero de vaquero de paja, manchado de aceite y de gran tamaño, que rara vez abandonaba su cabeza casi sin pelo, se acercó a Simon y le quitó la bolsa de agua caliente. Empezó a pinchar el bulto grande e hinchado de la cabeza del potro. No dijo nada, pero su ceño fruncido habló en su lugar. El veterinario siguió examinando al potro en total silencio, sujetándole la cabeza y viendo cómo se inclinaba inmediatamente hacia un lado cuando la soltaba, palpándole las patas, levantándole los pies e incluso mirándole la garganta. Luego volvió a palpar el bulto, masajearlo, empujarlo, medirlo. Al potro no parecía importarle que le hurgara, pero intentó morder la mano del Dr. Correctos y mamar de sus dedos.

—Bueeeno —inhaló el doctor Correcto. Tenía la costumbre de alargar las malas noticias mientras aspiraba aire lentamente, hinchando tanto sus pulmones como su vientre, que descansaba sobre una hebilla de cinturón plateada de gran tamaño con forma de cabeza de bulldog—. No tiene buena pinta. Esta pobrecita tiene la cabeza deforme, demasiado grande para su cuerpo. Ni siquiera puede sostener bien la cabeza. Para agravar el problema, ¿ves esta enorme protuberancia en medio de la frente? El hueso está deformado. Hay tantas deformidades que debería haber muerto antes de nacer y desde luego no puede vivir mucho tiempo. Les recomiendo que me permitan dormirla de inmediato para que no haya tiempo de encariñarse. Prometo ser rápido y ella no sentirá nada. Si no lo hacen, podría sufrir y morir con mucho dolor. Ella no puede sobrevivir más de unas pocas semanas como máximo, así que déjenme sacarla de su miseria. Incluso lo haré gratis ya que me equivoqué con su madre —por fin terminó de escupir la perorata de malas noticias y miró a Keely y Simon en busca de su respuesta.

Simon agarró el hombro de Keely con rapidez y firmeza, y la presión acalló las palabras que empezaban a brotar de los labios de Keely. Las retorcidas espirales de su cabeza palpitaban, brillando en silencio mientras hablaba lentamente en aquellos tonos medidos y pesados, los del eco—. Eso (eso) será (será) todo (todo), Doc (Doc)-tor (tor) —empezó—. Ya no te necesitamos. Gracias. Adiós.

Algo en la cadencia y el ritmo de las palabras sofocó cualquier protesta del doctor Correcto. Recogió su bolsa negra y salió de los establos murmurando para sí—: Qué tontos. Intentas ayudar y este es el agradecimiento que recibes.

Cuando se cerraron las puertas del establo, Simon se volvió, sonrió y dijo:—Ajá. Primero, borra las palabras del Dr. Incorrecto. Se ha vuelto a confundir —luego continuó con una pregunta—: Mis "Tres Mosqueteros"¿están listos para sus órdenes?

Keely sonrió a Simón. No estaba segura de lo que significaba aquella expresión, pero se inclinó en un fingido gesto de obediencia hacia Simón. Meowcher y Growler siguieron su ejemplo, los tres raspando el suelo y riendo al unísono.—Estamos a tus órdenes, oh, poderoso.

—Bueno, bueno, bueno, todo un ejército, debo admitir. Keely, veo que tienes la boca abierta de asombro por lo que estás oyendo. Antes, solo entendías la voz de Mariah, pero ahora tu mente y tu corazón están abiertos a los sonidos de "es-posible" escuchar, aprender, reír y amar, las cuatro acciones más importantes del mundo. Meowcher y Growler siempre han entendido tus palabras y pensamientos, y ahora tú también puedes oírlos. Les presento a Crea, la hija de Mariah. Su nombre rima con Leah, como la princesa Leah de *Star Wars*.

—Crea. Crea. Crea —Trozos de un sueño olvidado,

inolvidable, punzaron la mente de Keely, y las palabras de Abuelita le pusieron la carne de gallina en los brazos y la nuca: *Cree. Cree. Cree.*

Se estremeció con el recuerdo. *Debe de ser otra vez mi sentido del tacto,* pensó, y cerró los ojos un momento. Keely soltó uno de esos suspiros de sótano y exhaló las palabras—: Lo creo. Lo creo. Lo creo.

Y lo hizo.

Las siguientes palabras de Simon fueron superfluas para Keely.—Su nombre significa...

—¡Cree! —gritaron simultáneamente Meowcher, Growler, Keely y Simon.

Los cuatro pasaron las siguientes horas descargando el Red Chariot y reorganizando el puesto de Crea. La lámpara, ligeramente agrietada y con la sombra de las quemaduras del sol, estaba sobre una mesa baja y desvencijada que Simon había rescatado del vertedero, con patas que se tambaleaban casi tanto como las de Crea. Bajo el cálido resplandor de la luz, colocaron tres biberones recién lavados y llenos de la misteriosa fórmula de Simon.

El farol, que ya no estaba abandonado, colgaba de una cadena oxidada que pendía del techo. Este era uno de los lugares secretos donde el abuelo solía colgar las macetas de fucsia de latón de la abuela; la abuela había jugueteado con las flores de color rosa púrpura y las había cultivado en los lugares menos esperados. Florecían por todas partes siempre que la abuela las regara y les cantara. Cuando la madre de Keely apenas tenía dos años era la mejor ayudante de la abuela. Una de las fotos polvorientas del desván mostraba a una niña diminuta de puntillas, estirándose e inclinando la regadera hacia las flores, y el chorro de agua apenas tocaba el fondo de las macetas colgantes, ¡lo más alto que Maggie podía alcanzar! "Huele las flores, Maggie", le decía la abuela, y luego la acercaba tanto que las flores le hacían cosquillas en la nariz. Sin embargo, las fucsias habían desaparecido cuando Mariah fue regalada hacía tanto tiempo, y la cadena era lo único que quedaba.

—Es el gancho perfecto para la linterna —comentó Simón, y sonrió para sí.

Meowcher y Growler hicieron gala de sus talentos como nidos mientras ronroneaban y daban zarpazos a la pila de mantas hasta convertirla en una cama cómoda y acogedora, donde ahora descansaba Crea. Meowcher y Growler dormitaban tranquilamente a ambos lados de Crea, cada uno con un ojo abierto, como las esfinges centinelas de Egipto que guardaban su tesoro. Simon utilizó una vieja corbata para atar una bolsa de agua caliente recién llenada y envuelta en una toalla al bulto de Crea. El bulto parecía crecer en lugar de disminuir, pero a Crea le encantaba el calor y seguía frotándose la zona contra la barandilla de su cubículo. Casi llegaba a la tercera barandilla y, según el veterinario, medía unos treinta centímetros.

—Este bulto pica y pica y pica —se rió Crea. Su risa era ligera para los oídos, vibraba como gotas de lluvia sobre el agua y su voz era diferente de la de Mariah, que siempre resonaba con el viento. La de Crea tenía un tono agudo, femenino y chispeante, que sonaba como las flores cotilleando después de abrirse en una mañana de primavera. Se oía un ligero silbido bajo cada palabra.

—Apuesto a que se siente como una picadura de mosquito

gigante —exclamó Keely—. Se está poniendo de un rojo furioso y empieza a abultarse como la bolsa de agua caliente. Parece que va a reventar. Si revienta, estoy segura de que te sentirás mejor.

Keely se volvió para ayudar a Simon con el último elemento, la alfombra. Primero sacaron la suciedad con una escoba y luego la fregaron con agua caliente y jabón. Tuvieron que utilizar el cuchillo de Simon para raspar los últimos grumos de barro que quedaban en el centro. Cuando el barro se disolvió en el agua del enjuague, se convirtió de nuevo en arena roja y brillante que caía entre las grietas de un tramo de tarima de madera del suelo del establo. Los tablones estaban colocados como pasarelas sobre varias zonas de tierra hundidas por todo el establo para nivelar el suelo, pero nadie vigilaba las grietas ni veía la arena. Dejaron la alfombra colgada sobre la puerta del establo para que se secara, y el olor a lana mojada se mezcló con olores a paja y a tulipa quemada por el sol. Más tarde, la extenderían sobre el suelo irregular cerca de la mesa tambaleante, un toque de misterio en el que Keely podría relajarse.

Keely pidió a Meowcher y a Growler que se quedaran de guardia; montó en su bicicleta y pedaleó hasta casa con el Red Chariot desempacado dando tumbos detrás.

Capítulo Ocho

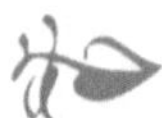

Sorpresa Inesperada

A la mañana siguiente, los pies de Keely apenas tocaban el suelo antes de que las palabras de rabia de su madre la acuchillaran. Atrás quedaban los tonos suaves pronunciados en el ático el día anterior, su momento olvidado. En la mesa de la cocina había otra botella de Jim Beam de la noche anterior vacía hasta la última gota, junto con una carta del padre de Keely informando de que su viaje de negocios se había prolongado... otra vez..

Keely se esforzó al máximo por hacer todo lo que su madre le gritaba que hiciera, apretando los puños y los ojos con fuerza cada pocos minutos, inhalando las palabras de dolor y dejándolas caer en forma de lluvia en su piscina. No importaba lo rápido que Keely trabajara, su madre seguía añadiendo cosas a la lista de "Hazlo ahora mismo". Pasaron tres días antes de que se restableciera la calma, las raras lágrimas enfriaron por fin la furia de los ojos de su madre y liberaron a Keely para volver a visitar a Crea.

Cuando se acercó al establo, Meowcher la saludó con un parloteo excitado.—Date prisa, lenteja. Crea tiene una sorpresa para ti —dijo el gato—. Fue idea de Crea enviar pensamientos llorones a tu madre. Ella pensó que las lágrimas harían el truco para cambiar su estado de ánimo para que ustedes pudieran venir a los establos.

—Gran idea —dijo Keely—. Es increíble. En realidad, mi mamá casi nunca llora, pero cuando lo hace, se pone tan gentil y un poco suave en los bordes. Funcionó. Aquí estoy. ¿Cuál es la sorpresa de Crea?

—La verás en un momento —dijo Growler, y añadió—: Es una tontería.

Ven a mí, Keely. Las palabras silenciosas le erizaron las coletas colgantes, haciéndole cosquillas en las mejillas, enviándole escalofríos de anticipación por el cuello mientras se apresuraba a entrar en el establo. Cualquiera que fuera la sorpresa, Keely no estaba preparada para lo que vio. Justo antes de que Keely entrara, Crea metió la cabeza en un montón de heno, pero cuando Keely se acercó, dio una rápida sacudida, haciendo volar agujas de paja por todas partes.

—¡Cucú! —exclamó Crea.

El fuerte jadeo de Keely golpeó y rebotó en las paredes, al que rápidamente se unieron las risitas de Meowcher y Growler.—Eh, supongo que está sorprendida —dijo Growler.

Keely no podía dejar de mirar el pequeño cuerno que había salido justo en medio de la frente de Crea.—Ya no pica. ¿Qué te parece? —trinó Crea tímidamente.

—¡T-t-tú eres un *unicornio*! No me lo puedo creer —la sensación de alegría insuperable era tan exquisita que Keely no quería que el momento terminara. Su curvada sonrisa se ensanchó, extendiéndose desde los labios, a los ojos, hasta la punta de las pestañas.

—Keely, está aquí por ti. Tú fuiste quien la llamó. Recuerda creer —la voz de Abuelita habló en voz baja desde más allá del viento. Una sola hoja de abedul flotó hacia abajo, aterrizando en la espalda de Crea antes de deslizarse hasta el suelo.

—¿Quieres tocarla? Es de verdad —respiró Crea.

Extendiendo lentamente la mano, Keely acarició la punta brillante.—Parece un carámbano, pero mis dedos lo sienten muy cálido, como si hubiera fuego bajo el hielo. Sigue siendo pequeño y tiene una forma extraña, como el diente de tiburón que me dio el abuelo para que se lo dejara al Ratoncito Pérez. Me tragué uno de los míos sin querer y me puse a hacer berrinches, diciendo que el Ratoncito Pérez no me creería si no le daba un diente. Era el que dijo que le había arrancado al tiburón en el Mar Rojo. La abuela dijo que en realidad lo encontró en una playa en uno de sus viajes, pero que no le dijera a la abuela que ella lo había delatado.

—Por favor, ¿puedo sentirlo yo también? —ronroneó Meowcher.

—No te olvides de mí —graznó Growler.

Crea bajó la cabeza y rozó sus pelajes con el cuerno. Un brillo dorado pareció iluminar sus pieles, y Meowcher ronroneó a su pesar, seguido de un bufido de Growler.— Bueno, si eso no lo supera todo. Mis orejas sobresalen de mi cabeza, y mis patas apenas rozan el heeeeno —dijo Growler en un tono bajo y áspero, exclusivo de Growler—. El brillo me eriza hasta los huesos. Parezco una bombilla, pero solo brillan mis puntos. Oye, tal vez esto convenza a esa estirada y engreída caniche de Mimi de que soy muy sexy.

Tanto Crea como Keely soltaron una risita. Mimi era realmente una caniche —francesa— negra, engreída y de rizos apretados, nacida en Montreal, que ni siquiera miraba a Growler cuando salía a pasear por el parque, ni siquiera cuando él intentaba darle alguno de sus huesos ligeramente masticados.

Todos se volvieron para mirar a Simon, la presencia de un arcoíris de colores anunciando su llegada momentos antes de que su cuerpo entrara en el establo.—Así que, pequeño, el bulto está fuera para que todos lo vean. Déjame sentirlo. Ah, sí. Keely, tienes razón. Se siente como hielo lleno de fuego, pero se hará más grande a medida que la propia Crea crezca. Debemos seguir alimentándola con mi brebaje especial y cepillando su pelaje hasta que brille todos los días. Creo que deberíamos intentar mantener el cuerno cubierto y su verdadera identidad en secreto. No estoy seguro de que el mundo esté preparado y no quiero que le hagan daño. ¿Qué piensan los tres?

Keely respondió primero con un inmediato, "Creo que tienes razón" y Meowcher y Growler asintieron con la cabeza.

—Muy bien, entonces, tengo la solución —simon sacó una pequeña almohada roja de su gran bolsillo y la ató con una cinta arcoíris sobre el cuerno.

Los meses siguientes pasaron rápidamente, y su secreto siguió siendo secreto. Todos notaron los cambios en Keely. Parecía brillar desde dentro. Su rendimiento escolar mejoró tanto que la profesora le envió una nota a su madre diciéndole que siguiera con lo que estaba haciendo en casa porque estaba funcionando. Siempre tenía una sonrisa en los labios y nada podía evitar que la sensación burbujeante y cálida de su garganta se convirtiera en risas contagiosas, a veces en los momentos más extraños. En mitad de un examen de ortografía, le salían cuando tenía que deletrear *unicornio*.

Un día, después de clase, incluso se atrevió a desafiar a Darrell; lo sorprendió tirando piedras a un par de gatos callejeros en el callejón. Keely le dijo que se callara, que ya era hora de que dejara de ser malo y abusón, o se lo diría a Simon. Darrell la fulminó con la mirada, pero no la tocó, y se mordió las palabras maliciosas antes de que salieran de su boca. Dejó caer las piedras de su mano sin hacer ruido. Darrell aún no lo sabía, pero aquel día había perdido una víctima.

Durante las semanas siguientes, cada vez que Keely veía a sus amigos, les contaba lo que había hecho para controlar a Darrell, les decía cómo enfrentarse a él, y todos juntos practicaban sus frases contra el acoso para que ninguno de ellos volviera a ser víctima.—¡Deja de acosarme ahora mismo! ¡Deja de ser malo y desagradable! ¡Deja de molestarme! Se lo diré a Simon si no paras ahora mismo —para asombro de todos, funcionó. Darrell dejó de ser un matón; no le gustaba que le cambiaran las tornas y, desde luego, no quería volver a enfrentarse a Simon.

Sin embargo, Keely seguía andando con pies de plomo en casa, intentando anticiparse a lo que su madre quisiera que hiciera antes de que le gritara un nuevo "¡Hazlo ahora mismo!" Su habitación estaba impecable; la cocina, el baño y todos los suelos también estaban limpios. E hizo todo lo posible para deslizar las palabras hirientes lo más rápido posible en la piscina profunda de su interior para que no la tocaran. Intentó evitar el dolor que veía crecer en el rostro y las acciones de su madre saliendo corriendo de casa en cuanto terminó sus tareas y volando al granero para visitar a Crea. Su madre no podía quejarse de que el trabajo no estuviera hecho, y le gritaba a Keely con menos frecuencia, pero su propia tristeza seguía atrapada en sus ojos.

Crea, estoy aquí. ¡Ven a buscarme! exclamó Keely con palabras mentales que Crea le había enseñado a usar en lugar de esas palabras al aire que se agolpan en el viento. Crea le dijo que pensara en su mente como un ojo que abre el camino a la paz, la alegría, la gracia y el amor, y que nunca parpadeara ese ojo. Keely forzó su instinto natural, afinando los nervios en los ejercicios diarios, que Crea llamó "juegos mentales con un propósito".

—Keely, no dejes que esos párpados te corten la luz. Abre los ojos. Abre la mente y concéntrate. Envía tus palabras con el resplandor. Es hora de creer —a Keely le encantaba la fluidez y el ritmo de las voces silenciosas y en voz alta de Crea; no sabía que la mayoría de los unicornios jóvenes hablaban como Crea y que, a medida que crecían, sus voces cambiaban para adaptarse al lugar donde vivían. Los que vivían sobre el cielo hablaban con el acento de las estrellas y soltaban chorros de purpurina con su risa; a todos los que vivían sobre los rayos de luna les encantaba hablar como pájaros y trinaban sus palabras tan rápido que se deslizaban por la mente antes de que se notara su presencia. Los ancianos, a los que normalmente les crecían unos cuernos enormes y nudosos y solían vivir en valles de arcoíris perdidos al otro lado del cielo, tenían un aura más dominante y hablaban entre ellos en un dialecto arcaico. Reservaban un estilo inglés formal para la comunicación humana.

Keely se escondió en lo más profundo de un montón de heno en el desván, intentando permanecer inmóvil, mientras Crea, que era "eso" la buscaba en su juego diario del escondite.

De repente, una cálida y delgada astilla de cuerno asomó bajo la paja y acarició el pelo de Keely, haciendo bailar las hebras con un fuego marrón rojizo.—Te he encontrado —susurró Crea.

—Es increíble —dijo Keely—. Tu cuerno crece más cada día. Míralo. Es tan hermoso, como ver diminutas hadas haciendo piruetas sobre un halo —y era cierto: el cuerno de Crea medía ahora casi quince centímetros, justo en medio de la frente, con una tenue espiral dorada que lo rodeaba desde el puente de la frente hasta la punta, que terminaba ligeramente por encima de las orejas. El cuerno brillaba a menudo, incluso cuando Crea enviaba palabras mentales. Ya no le quedaba grande la almohada roja y regordeta que llevaba en la oreja derecha, y la cinta arcoíris se deslizaba por su melena. Afortunadamente, no había habido visitantes externos que vieran a Crea, y Simon no parecía tener ningún interés en añadir otros animales a sus establos por el momento, así que su secreto seguía a salvo.

Keely intentó colocar la boina de almohada sobre el cuerno y fracasó estrepitosamente. Se deslizó sobre uno de los ojos de Crea, pirateándolo.

—Aha, Barbanegra, cuidado. ¡Mi cuerno es mi espada! Voy a por tu tesoro pirata —cantó Crea con su tono tintineante. Empezó a brincar alrededor del granero con Keely en plena persecución. Meowcher y Growler, que no tenían ni idea del significado de toda esta charla pirata, corrieron tras ellos, proporcionando bucaneros a su barco. Keely vio la sombra quemada por el sol y pensó que sería el sombrero pirata perfecto. Mientras pensaba esta idea, empezó a cogerlo de la lámpara cuando su mente se adelantó a sus manos, y la sombrilla se movió en una línea espasmódica desde la lámpara hasta la parte superior de su cabeza, colocándose en un ángulo bastante rastrero.

—¿Qué ha pasado? —preguntó Kelly—. ¿Lo has visto? ¿Le hiciste hacer eso, Crea?

—No, Keely, lo hiciste tú misma. Estás usando tu mente y manteniendo los ojos abiertos. Controlas tus pensamientos a un nuevo nivel, y cuanto más practiques, mejor te volverás. Sigue haciendo los ejercicios que te enseñó Mariah para calmar tus preocupaciones y creer en ti misma.

—Has progresado tan rápido —continuó Crea—, que ya estás preparada para una de nuestras lecciones más importantes. ¿Adivinas qué viene a continuación? Piensa. ¿Qué es lo que has querido hacer desde que tienes memoria, algo que los demás creen que ya puedes hacer?

Ella no parpadeó, pero estaba tan feliz que casi se le borró todo recuerdo del dolor cuando susurró:—Volar, volar de verdad.

Al soltar esas palabras, el viento cantó a través del granero, llevando los pensamientos de Mariah.—Para ti, Keely. Solo para ti.

Capítulo Nueve

Lecciones de vuelo

Los unicornios son máquinas voladoras innatas, y Crea no era una excepción. No necesitaba alas para surcar las nubes, para saltar y planear, para colgarse del viento. No tenía que pensar en ello: su poder era innato y estaba esperando a ser aprovechado. Sin embargo, los estilos y patrones de vuelo variaban con cada unicornio; cada uno desarrollaba una firma identificativa única. Crea prefería volar inclinada, con la cabeza ladeada y el cuerno en espiral indicando la dirección. Le gustaba extender la cola mientras volaba, un hábito inusual que cada vez que lo hacía parecían pequeños estallidos de fuegos artificiales en forma de abanico desde el suelo. Estas colas de abanico a menudo provocaban risitas en Keely cuando Crea dirigía sus vuelos de práctica. Crea era una profesora excelente, y Keely, una alumna estrella. El deseo de dominar un sueño vencía cualquier duda momentánea cuando se estrellaba contra un arbusto bajo o calculaba mal un aterrizaje, dando volteretas por el corral.

Durante las semanas siguientes, la vida de Keely fue un cuento de hadas hecho realidad. No necesitaba el polvo de hadas de Campanilla. Aprendió a usar la luz de su mente para que la envolviera el velo de las nubes, invocando al viento para que atrapara sus pensamientos y la llevara por el aire. La energía y el poder de sus propios pensamientos crecían con cada lección, empujándola más alto y más rápido, elevando su confianza en sí misma a nuevos niveles. Atrás quedaban los hombros encogidos, la cabeza colgando, la niña que se escondía de las sombras.

Crea y Keely practicaban todas las tardes, justo al anochecer, para reducir el riesgo de ser vistas. Las luciérnagas se colgaban a menudo de los jirones de nubes que colgaban de su cuerpo mientras ella navegaba por el crepúsculo, dándole el aspecto de un ángel volando lejos del cielo. El cuerno de Crea brillaba con una intensidad que convertía el crepúsculo en amanecer; el círculo de oro espolvoreaba su camino hacia las estrellas por encima de la ciudad, donde tanto Crea como Keely se detenían a menudo para recoger restos de arcoíris. Crea los enganchaba en su cuerno, y Keely recogía y metía los trozos en una funda de almohada bastante gastada, cubierta con imágenes descoloridas de una media luna y un puñado de estrellas.

Meowcher y Growler también podían volar, siempre y cuando tuvieran algunos de estos restos de arcoíris enrollados alrededor del cuello. Sin embargo, una noche, Growler cometió el error de pararse en lo alto de un árbol y dejar que su arcoíris se escurriera y se alejara. Meowcher lo rescató, compartiendo una parte de su bufanda arcoíris, y es poco probable que le deje olvidarlo... nunca. Después de este desastre, decidieron que el arcoíris se tenía que atar. Growler gruñó con firmeza que no quería intentar cruzar la Vía Láctea o cabalgar meteoritos sin un arcoíris bien atado. Durante este tiempo, descubrió que podía dirigir con las orejas. Si movía una oreja, la derecha, hacia arriba y la otra hacia la izquierda, se dirigía a la izquierda, y si movía la oreja izquierda hacia arriba y la otra hacia la derecha, se dirigía a la derecha. Estaba tan orgulloso de esto y estaba a punto de presumir de ello ante Meowcher cuando se dio cuenta de que Meowcher estaba haciendo la cosa más asombrosa con sus largos bigotes: cuando los apuntaba hacia arriba, ascendía rápidamente; cuando los apuntaba hacia abajo, descendía; y con solo un movimiento de su nariz, podía ir a la izquierda o a la derecha.

—Grrr. Deja que un gato descubra cómo… —Los murmullos de Growler se vieron interrumpidos por el fuerte chillido de Meowcher, que salió disparada hacia el cielo, a unos noventa kilómetros por hora.

—¡Me-o-ow-ow-ow! ¡Ayúdenme, por favor! ¡No puedo parar! Se me han atascado los bigotes.

Y era verdad. Los bigotes de Meowcher parecieron cobrar vida propia y se clavaron en el aire, arrastrando el pañuelo arcoíris mientras pasaba disparada junto a Crea y Keely. Crea, Keely y Growler empezaron a perseguirla de inmediato, adentrándose en una nube negra como el carbón, a punto de llover, que se cernía sobre el horizonte. Meowcher fue ganando velocidad a medida que se adentraba en la oscuridad, y solo el reflejo de la luz del arcoíris en su bufanda delataba su posición.

Crea redujo la velocidad lo suficiente para que Keely y

Growler se deslizaran sobre su espalda. Keely agarró la crin de Crea con una mano y a Growler con la otra, y cerró los ojos solo un momento para enterrar el repentino pánico que atenazaba su garganta. Growler temblaba en sus brazos y Keely lo calmó con sus pensamientos tranquilizadores, que también envió a Meowcher. Growler y Keely respiraron hondo y se declararon preparados. Era la primera vez que los dos montaban juntos a lomos de Crea, y Keely se dio cuenta de que Crea era ahora casi tan alta como Mariah. Había espacio de sobra.

Entonces Crea inclinó su cuerno, girándolo en forma de estrella de cinco puntas, y estampó el cielo con sus pezuñas delanteras. El oscuro sendero se abrió, revelando un camino de estrellas fugaces encauzadas por los rayos de la luna, que dirigían su camino.—Allá vamos. Agárrate fuerte —bramó Crea por encima del viento y salió a la luz.

El trío se deslizó rápidamente por un caleidoscopio de diamantes en movimiento, sintiendo el calor de las estrellas que se desprendían de los rayos de luna para surcar el cielo. Esperaban alcanzar a Meowcher antes de que desapareciera su propio camino. Los ojos de Keely se clavaron en el cuerno de Crea. Parecía haber doblado su tamaño, retorciéndose a medida que crecía, señalando el camino hacia Meowcher. En poco más tiempo del que se tarda en besar el cielo, alcanzaron a Meowcher, y Crea hizo algo extraordinario. Pinchó la nube oscura sobre Meowcher con la punta de su cuerno, y una pequeña lluvia cayó justo encima de la cabeza de Meowcher, aplastando todos sus bigotes en un instante y deteniendo su increíble ascenso. Growler agarró con los dientes su bufanda arcoíris humedecida y le hizo sitio a

Crea estampó un sello en el cielo.

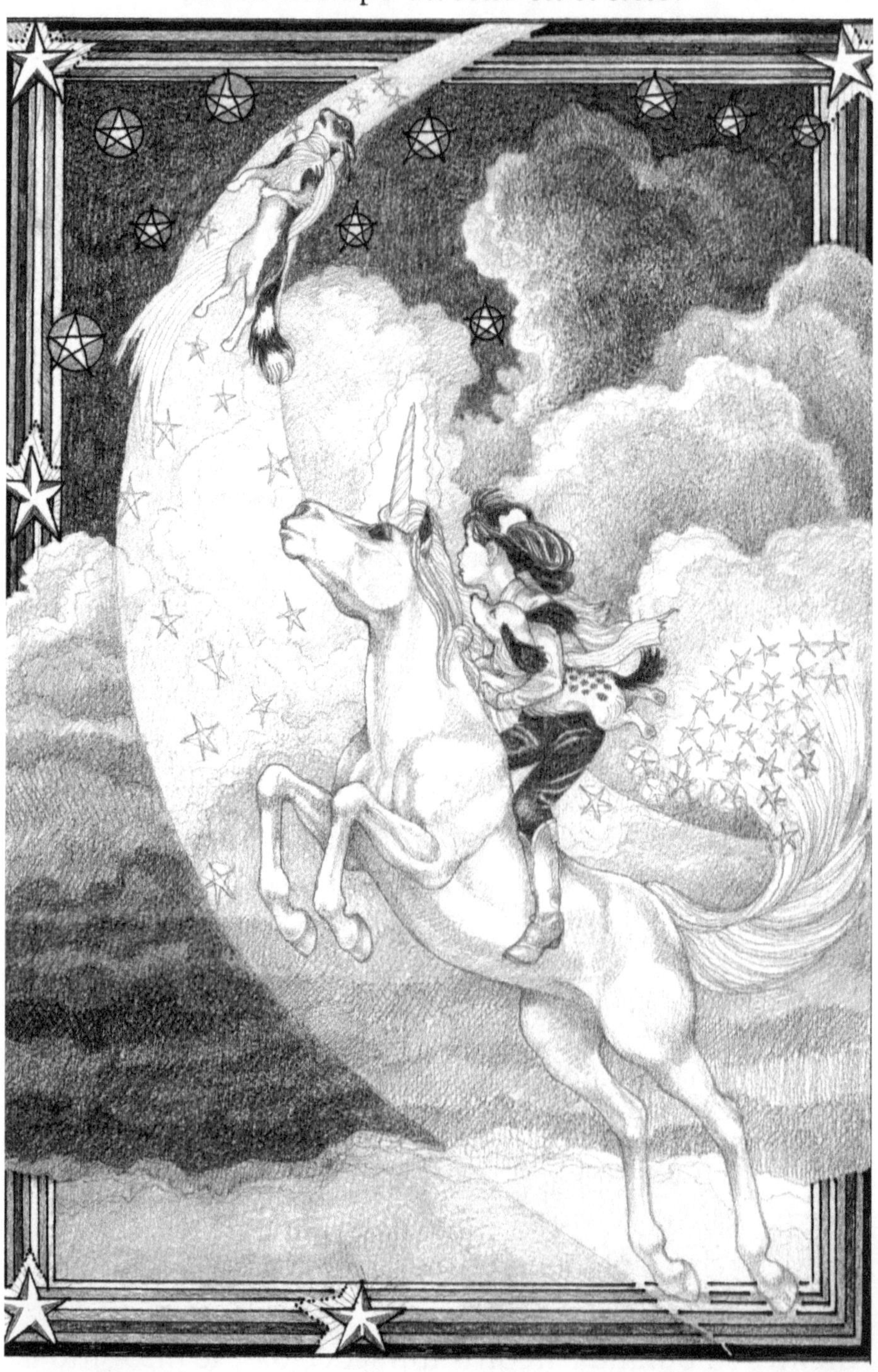

lomos de Crea. Siguieron avanzando rápidamente por el camino de las estrellas fugaces.

—Oh-Oh. Es hora de bajar —gritó Crea, adentrándose en las nubes en el preciso instante en que su estrella fugaz, junto con varias otras, se despegaba del rayo de luna y se alejaba hacia destinos desconocidos. Hubo un momento de silencio mientras los cuatro contemplaban la cola del cometa recién nacido.

Meowcher se sentó tranquilamente, ronroneando sobre el lomo de Crea, lamiéndose las patas como una dama y lavándose la cara lentamente con las gotas de lluvia que quedaban.

—¿Qué te ha pasado? ¿Qué hizo que tus bigotes se atascaran así? —preguntó Keely.

—No estoy segura —dijo Meowcher—. En un momento me los iba a subir para dar un paseo. Luego los bajé y, en un abrir y cerrar de ojos, algo me sacudió de la nada. Mis bigotes se voltearon hacia arriba y se congelaron; no podía moverlos en absoluto. Estaba totalmente fuera de control hasta que me salvaste, Crea.

—Parece que te cayó un rayo y tus bigotes fueron el imán. Tal vez deberías intentar cambiar de dirección sin usar tus bigotes en el futuro.

—Creo que es una buena idea —dijo Meowcher—. Mis bigotes todavía se sienten un poco nerviosos y rígidos. Están agotados de tanto moverlos, y mi nariz todavía tiene ganas de estornudar.

Sus aventuras voladoras continuaron y Keely no reveló nada ni a sus amigos, ni a sus profesores, ni a su madre. Sabía que era mejor que su secreto siguiera siendo uno.

Capítulo Diez

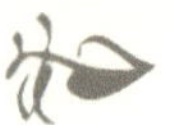

Oh-Oh

De lo que nadie se dio cuenta en aquel momento fue de que, en el instante en que la estrella fugaz se desprendió, un diminuto trozo de chispa estelar, no mayor que un grano de arena, se clavó en la esquina de uno de los cascos de Crea. A lo largo de las semanas siguientes, siguió abriendo un diminuto agujero cada vez más profundo en el pie de Crea. Pero Crea se negó a reconocer el creciente dolor que emanaba del corte y siguió volando con los tres todos los días al atardecer.

Las habilidades de vuelo de Meowcher y Growler mejoraron rápidamente, y Simon les proporcionó unos alfileres de bufanda bastante elaborados para mantener sus piezas de arcoíris en su sitio y no tener que hacerles un nudo. El alfiler de Meowcher era un círculo que no tenía fin; simplemente daba vueltas y vueltas y vueltas hasta llegar a un punto minúsculo en el centro, cuya ruta estaba marcada con piedras luminosas de color púrpura. Podía meter trozos de arcoíris entre las partes del círculo morado con una pata, y nunca saldrían hasta que ella quisiera. El broche del pañuelo de Growler era diferente. Era de metal dorado brillante, con dos piezas triangulares dobles de distinto tamaño encajadas una dentro de la otra; una ranura dentada atravesaba el centro de ambas. Growler introdujo con los dientes su retazo de arcoíris por el áspero centro, y no se movió. Cuando no estaban volando, ambos enhebraron los alfileres en sus collares.

Después de entregarles sus nuevos alfileres, Simon les comunicó que se iba a tomar unas semivacaciones durante un tiempo. Le necesitaban urgentemente en una zona del universo que tenía playas de arena púrpura, cielos verdes brillantes y nubes lloronas de arcoíris. La primera y única vez que había viajado allí, descubrió que era un lugar para relajarse y empaparse de los rayos de su extraño sol de rayas naranjas y azules. Como todo iba bien con Keely y Crea, decidió combinar los negocios con el placer y, con toda probabilidad, estaría fuera varios meses. Simon ya sabía lo que Keely aún estaba descubriendo: que era más fuerte, capaz de enfrentarse a lo desconocido sin él. Recogió algunas cosas, anudándolas en una esquina de su lustrosa capa multicolor, y se enrolló el turbante púrpura alrededor de la cabeza y el cuello, dejando solo sus ojos brillantes al descubierto. Odiaba las despedidas largas, así que, con el auge de su — Hasta luego —giró sobre sí mismo y fue arrastrado hacia la puesta de sol, convirtiéndose en una mancha púrpura en el horizonte durante solo un instante.

Una mañana -¿fueron solo unas semanas más tarde?-, Keely se despertó con el sonido de unos suaves gemidos.

Pensando que tal vez Meowcher o Growler estaban sufriendo, se vistió rápidamente, metió los pies en sus viejas zapatillas de tenis moradas, las primeras que encontró debajo de la cama, y salió. Siempre atenta a cerrar la mosquitera sin hacer ruido, amortiguó el ruido con la mano cubierta con un paño de cocina. En su puerta, sin embargo, esperaban Meowcher y Growler, con las colas en posición de firmes. También reaccionaron a los gemidos.

Oh-Oh.

Oh-Oh.

Oh-Oh. pensaron todos a la vez, y los tres corrieron hacia los establos, deteniéndose solo para coger los restos de arcoíris que habían quedado colgando de las ramas superiores de Chartreudy en su último vuelo. Volaron tan cerca del suelo que nadie habría podido decir con certeza que realmente estaban volando, solo que se movían increíblemente rápido.

Crea, ya vamos, volaron sus pensamientos en el viento.

No estaban preparados para lo que les esperaba. La pierna de Crea estaba hinchada casi el doble de su tamaño normal. Largas rayas de color rojo fuego se extendían por la pierna, en espiral alrededor de su cuello, y brillantes protuberancias verdes y amarillas con centros azules brillantes parecían estar apareciendo por todo su cuerpo mientras la observaban. Keely alargó la mano y tocó su piel, casi quemándose en el fuego que ardía en el cuerpo de Crea.—Rápido, tráeme hielo del congelador de mi casa —dijo Keely—. Tenemos que bajarle la fiebre lo más rápido posible.

Meowcher y Growler se levantaron de un salto para seguir las órdenes de Keely y corrieron de vuelta a su casa, pero no pudieron abrir la puerta trasera. Keely se dio cuenta de que les había encomendado una tarea imposible y envió rápidos pensamientos para ayudarles. Sus pensamientos llegaron con la fuerza de un tornado incontrolado, abriendo de golpe la puerta mosquitera y dejando que se cerrara de golpe cuando Meowcher y Growler entraron. Sus pensamientos se calmaron un poco y abrieron la puerta del congelador, sacando una gran bolsa de hielo y dejándola en el suelo. Tanto Meowcher como Growler consiguieron poner la bolsa de hielo sobre una toalla y la arrastraron hacia la puerta trasera cuando se detuvieron en seco. Su pelaje se erizó de miedo desde la parte superior de sus cabezas hasta las puntas de sus colas en respuesta a las palabras que les lanzó la madre de Keely.

—¿Qué demonios está pasando aquí? ¿Qué crees que estás haciendo en mi cocina? ¿Dónde crees que vas con ese hielo? ¿Y dónde está mi hija? Keely, será mejor que vengas ahora mismo y te expliques. ¡Keely!

Estaba furiosa. El pelo le sobresalía en todas direcciones, y su albornoz de chenilla dorada, desgastado pero esponjoso, al que le faltaban mechones, le daba el aspecto de una leona saliendo de su guarida. El portazo la había despertado de un sueño profundo, y se quedó de pie, asustada, agarrada al albornoz e intentando comprender el qué, el por qué y el cómo de lo que había visto en su cocina.

Incluso Keely, que seguía en los establos con Crea, sintió el grito de su madre y se estremeció de dolor:—Oh, no. N-n-no ahora —tartamudeó Keely—. Por favor, mamá, necesito tu ayuda. Por favor, por favor, por favor, tráeme el hielo. Por favor, trae el hielo a los establos... por favor, por favor, por favor —coreó las palabras en voz baja mientras las lágrimas resbalaban silenciosamente por sus mejillas—. Por favor, por favor, por favor, ayúdame, mamá.

—Espera, Keely —exhaló Crea—. Yo te ayudaré. Toca mi cuerno; une tu voz a la mía. Estoy débil, pero lo haremos juntas.

Las yemas de los dedos de Keely acariciaron los surcos, deslizándose arriba y abajo sobre las curvas mientras sus pensamientos corrían en el viento. A medida que las sugerencias llegaban a la madre de Keely, las palabras airadas se cocinaban a fuego lento y cesaban.—Vale. Sensación extraña. Raro —dijo. Sacudió la cabeza rápidamente, despejando cualquier resto de furia que se aferrara a los bordes de sus pensamientos—. Te escucho, Keely. Ya voy. Ya voy —cogió la bolsa de hielo de la toalla, tomó otra compresa de hielo y vació el congelador, cogiendo una caja de polos y una bolsa de guisantes congelados. Golpeó la puerta mosquitera y salió corriendo descalza de la casa. Se detuvo al darse cuenta de que no llevaba zapatos y de que el suelo estaba frío. Miró a su alrededor y vio las botas vaqueras verdes de Keely, ahora aún más embarradas y arañadas, tiradas junto a la casa, al lado de su bicicleta y del carro rojo. Sacó el pañuelo de papel que aún tenía metido en los dedos y se metió los pies en las botas.—Será mejor ir en la bici de Keely —se dijo—. Será más rápido —la madre de Keely se tragó el pánico e intentó desenganchar el carro, pero desistió al cabo de unos segundos, al darse cuenta de que era el lugar perfecto para transportar las cosas congeladas. Después de cargar a Red Chariot, se montó a horcajadas en la bicicleta, se enganchó la bata, se la ató a la cintura y empezó a pedalear furiosamente hacia los establos. Red Chariot rebotaba entre los restos de las huellas de las tormentas del invierno pasado.

Meowcher y Growler corrían delante de ella, encabezando la marcha. Sus piezas arcoíris, casi invisibles a la luz del sol matutino, estaban firmemente sujetas por sus pasadores.

Keely acarició el cuello de Crea y tarareó canciones de cuna tranquilizadoras, esperando la llegada de su madre. No intentó cubrir el cuerno de Crea; se daba cuenta de que era el momento de la verdad y esperaba que su madre lo entendiera.—No te preocupes, Keely. Todo irá bien —murmuró Crea.

El *crunch, crunch, crunch* de las pisadas entre las hojas secas esparcidas por el suelo del establo les alertó de la inminente llegada de Meowcher, Growler y la madre de Keely.

Keely no necesitó oír las palabras de su madre, las sintió antes de que estuvieran en el aire.—Estoy aquí, Keely. Tengo el hielo, pero ¿qué pasa? Más vale que sea bueno. ¿Qué ha pasado-y-y-qué-quién-es? ¡Oh, por el amor de Dios! ¡Es un unicornio! No puedo creer lo que ven mis ojos —y en la siguiente respiración, dijo—: Oh, ¿qué le pasa? Tiene un aspecto horrible. Sus ojos están apagados y sin brillo. ¿Está enferma?

—Sí, mamá. No quería despertarte. Por favor, no te enfades conmigo. Necesito tu ayuda y no tengo a nadie más a quien pedírsela. Por eso te he llamado. Crea está enferma y no sé qué hacer. Tiene mucho calor y espero que el hielo le baje la fiebre. Ayúdame, por favor —los pensamientos tranquilizadores enviados a la madre de Keely tanto por Keely como por Crea hicieron que Maggie se mordiera la lengua, sofocando las crueles palabras que aún traqueteaban en su cabeza.

Trabajaron juntas, abriendo la bolsa de hielo y envolviendo

varios trozos en un puñado de toallitas. A continuación, colocaron los paquetes de hielo por toda la pierna hinchada y el cuerpo a rayas rojas de Crea, atando la bolsa de guisantes a la espiral de rayas alrededor de su cuello. El hielo se derritió rápidamente, formando pequeños charcos en el suelo del establo. Keely metió dos polos en la boca de Crea, arrancándole una sonrisa.—Esta medicina sabe bien —rió.

El tratamiento con hielo funcionó y bajó rápidamente la fiebre, pero las feas rayas rojas y los chichones seguían extendiéndose por el cuerpo de Crea.—¿Qué hacemos, mamá? Simon se ha ido y sé que el doctor Correcto no sabrá qué hacer. ¿Qué te parece?

La madre de Keely todavía sufría del shock de que Crea fuera un unicornio.—No puedo creerlo. Esto no debe ser real. ¿Sigo dormida, pero siento que estoy despierta? ¿Quizá sea uno de esos sueños despierta sobre los que he leído? —se frotó los ojos rápidamente con los dos puños y extendió la mano lentamente, colocando una mano ligeramente temblorosa sobre el cuerno de Crea. Brilló bajo su tacto, y Crea movió la cabeza para que la mano de Maggie pudiera acariciar los surcos de la delicada espiral.

—Qué curioso. Qué raro... Me siento tan, tan tranquila, tan... ¿cómo se dice? ¿Serena? Qué sensación tan maravillosa —sonrió suavemente mientras seguía acariciando el cuerno de Crea, absorbiendo el calor que latía en cada surco. Era casi como si el cuerno ronroneara ante su tacto.

—Keely, esto es realmente un milagro. Es difícil creer que esto esté sucediendo, que sea real, pero lo es. Y definitivamente está enferma. Debemos ayudarla a ponerse bien. No sé qué hacer. Debo pensar.... —cerró los ojos y pareció dormirse mientras seguía de pie, y recuperó retazos de recuerdos de su infancia.

—Sabes, hace mucho tiempo, cuando montaba a Mariah, había un indio de verdad -de la tribu Pawnee, creo- que cabalgaba conmigo a veces. Aparecía en su caballo moteado de marrón y blanco y corría conmigo por las colinas. Yo creía que había pintado las manchas en su caballo, pero más tarde supe que era un pinto, un tipo de caballo de verdad. Tenía el pelo más negro y lacio, que se alzaba detrás de él cuando galopábamos, como una capa almidonada de Batman, y unos ojos que podían ver el más allá del mañana, teñidos de azul por el cielo, sin que se viera el blanco en los bordes. Me enseñó sobre las plantas, los árboles, los espíritus del cielo y la tierra, y a hablar con Mariah, a escucharla. Permítanme recordar-su nombre era-Rainb-no, no era ese. Era Nube de Luna, pero a mí me gustaba llamarle Rayo de Luna. No recuerdo la razón. No he pensado en él en un trillón de años. Mi padre decía que era un amigo imaginario y que no existía tal persona, pero la bisabuela lo conocía. Me dijo que confiara en él. Un día, no sé muy bien cuándo ni por qué, desapareció y no volví a verlo. Creo que fue poco después cuando perdimos los establos, todos los caballos y todo, o al menos eso creía yo en aquel momento.

—Qué raro. Me pregunto por qué pensé en Nube de Luna justo ahora después de todos estos años. Me había olvidado completamente de él, pero mi mente parece estar jugándome malas pasadas, no estoy seguro de lo que está pasando. Algo parece estar pinchando mi cerebro, empujándome a hacer cosas en las que ni siquiera he pensado. Pero me enseñó a hacer medicinas con plantas y árboles, por si necesitaba usarlas con Mariah. Tal vez ayudarían a Crea. Tal vez por eso pensé en él.

—Ahora, ¿qué era exactamente ese canto indio? —cerró los ojos y empezó a tararear lentamente, esperando que las palabras aparecieran en el tarareo, y así fue.

Corteza de abedul verde, semilla de roble,
mantequilla de diez margaritas.
Cola de gato de cola roja, lágrimas de
sauce, un ojo de un susano

Cosecha en una noche sin luna, sin el aleteo del viento,
Hervir en el hielo del cielo de verano
Hervir en hielo del cielo de verano.

Revuelve y bebe con una pajita de canela.
Alivia el dolor
Hace que la fiebre se descongele
Convierte las lágrimas en lluvia
Cambiando las lágrimas en lluvia

—Pero no estoy segura de que este canto sea el que cure la enfermedad de Crea. No recuerdo cuándo se suponía que se usaba esta poción. Mariah nunca tuvo este tipo de enfermedad, solo resfriados leves y una vez un dolor de estómago por comer demasiadas fresas silvestres. Creo que solo ayuda con el dolor y las fiebres leves, no con las infecciones, y Crea parece tener una enfermedad grave de algún tipo. No estaría de más probarlo, pero no te hagas ilusiones, Keely, de que esta sea la solución. ¿De acuerdo?

Keely murmuró un "Vale" apenas audible y rápidamente

elaboró una lista de tareas. A Growler se le asignó la tarea de encontrar la semilla de roble después de que Keely le explicara que otra palabra para *semilla de roble era bellota*. Growler sabía dónde algunas ardillas habían enterrado sus alijos el otoño anterior. Había descubierto varios lugares de bellotas cuando buscaba sitios para enterrar sus propios huesos de asado. También sabía, de hecho, que las ardillas nunca se comían todas las que enterraban para el invierno porque siempre tenían problemas para desenterrarlas una vez cubiertas de nieve y hielo.

Meowcher fue enviada a buscar y traer una cola de totora roja. Tenía mucha experiencia con las espadañas, ya que eran las plantas principales de las acequias donde pescaba pececillos para un rápido tentempié. Las eneas disimulaban su aproximación porque se movían con el viento igual que su cola real, y así podía acercarse sigilosamente y atrapar a su presa sin ser detectada. Una de las pasiones de Meowcher era golpear las eneas con sus patas y ver cómo se astillaban, enviando colas emplumadas llenas de semillas para sembrar más eneas a lo largo del camino del viento. No estaba segura de que hubiera muchas eneas rojas, pero creía haber visto algunas en la zanja más cercana al viejo parque de la ciudad.

Keely seguía andando de puntillas alrededor de su madre, insegura de cuánto duraría su nuevo y agradable humor. Crea seguía bombardeando la mente de Maggie. Consiguió que Maggie recordara todo sobre Nube Lunar. Maggie miró a Crea con desconfianza, casi sintiendo las ondas del estado de ánimo, y sacudió la cabeza varias veces, dispersando los obstinados y oscuros pensamientos que le quedaban. Abrió la boca para protestar y, en su lugar, se encontró a sí misma ofreciéndose voluntaria para buscar la mantequilla del narciso, el ojo de un susano, las pajitas de canela, una olla y un hornillo en el que cocinar. Maggie creía recordar haber visto en el desván utensilios de aquellas casi olvidadas acampadas familiares. Sabía que en el viejo jardín de la abuela solían crecer cientos de narcisos amarillos y de susanos de ojos negros, y supuso que ahora mismo estarían en flor. De pequeña se paraba siempre a olerlos, pero hacía demasiados años que apenas se fijaba en ellos. Estaba bastante segura de que aún quedaban algunas ramitas de canela, de esas que parecen pajitas enroscadas, de una fiesta de Halloween de hacía mucho tiempo en la que había preparado sidra de manzana caliente y había dado a cada uno una ramita de canela para remover. Maggie sonrió al recordar las flores y la sidra de manzana caliente, se recogió el pelo en una coleta y se lo ató con una de las cintas del viejo sombrero de unicornio de Crea. Parecía mucho más joven y vulnerable.—Hagámoslo —soltó con una risita que le hizo arrugar los ojos.

La lista de Keely incluía corteza de abedul, lágrimas de sauce y gotas de hielo de un cielo de verano. Dos de los tres elementos eran fáciles; el último, más difícil.

—Recuerden todos —dijo Keely al grupo—, no recojan nada a menos que no haya luna ni viento.

Capítulo Once

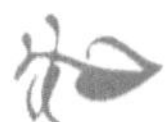

Noche de Lunas: Sin viento y sin luna y sin estrellas

Afortunadamente, aquella noche de verano no había estrellas, y la luna estaba completamente cubierta de nubes negras y moradas. Aunque era de noche, el calor parecía suspendido en el aire, y no había ni una brizna de viento que rompiera la quietud. Interrumpía la paz el rápido rascar, rascar, rascar de las uñas de Growler mientras buscaba bellotas enterradas. En el primer agujero que cavó encontró algunos cacahuetes y trozos de papel de aluminio. En el segundo, encontró corazones de manzana podridos y semillas de calabaza. En el décimo hoyo, ya estaba cansado, acalorado y un poco gruñón.

—¡Maldita sea! Vale, ardillas —gruñó Growler—, ¿dónde han escondido las bellotas? Sé que no se han podido comer todas las que han enterrado. Esperen un momento. Creo que he visto ardillas enterrando algo cerca del borde de la puerta del patio trasero de Keely. Tal vez haya bellotas allí

—corrió hacia la puerta trasera y empezó a cavar furiosamente un agujero. Primero encontró una vieja pelota de golf sin funda y con la parte de la goma elástica al descubierto. La cogió con la boca y la sacudió de un lado a otro con rabia, tirándola a un lado. Miró en el agujero una vez más y vio el borde liso de algo que yacía en la tierra debajo de donde había estado la pelota de golf. Quitó con cuidado la tierra que quedaba y descubrió no una, sino dos bellotas perfectas.

Se detuvo un momento para lanzar un profundo aullido al cielo sin viento:—¡He encontrado las bellotas! —después de metérselas suavemente en la boca, se enrolló el pañuelo arcoíris alrededor del cuello y voló hacia los establos.

Mientras tanto, en las afueras de la ciudad, Meowcher estaba al acecho. Su cola se movía silenciosamente de un lado a otro, lo único que se movía, mientras paseaba por una ciénaga de eneas al borde de una de las acequias más grandes de la zona.—Aquí hay una espadaña dorada y una verde —ronroneó en voz baja—. Un millón de marrones, parecen perritos calientes recién salidos de la parrilla. No veo ni una roja. Me pregunto por qué —la noche era tan tranquila que el aleteo de su cola contra la noche era el único sonido que perturbaba el silencio. Se adentró más y más en la ciénaga, las colas se cerraban tras ella, sin dejar rastro de su camino.

Atravesando un grupo de juncos muy juntos, entró en un claro entre las espadañas y descubrió un antiguo vertedero de alguien que era demasiado perezoso para deshacerse de su basura de forma legal. El desconocido se dedicaba obviamente al negocio de la pintura, ya que había montones de botes vacíos, o parcialmente vacíos, esparcidos por el suelo. Varios de ellos estaban siendo enjuagados mientras el agua entraba y salía, convirtiéndose en colores que una vez fueron solo para paredes, vallas y graneros. La lata de pintura del granero debía de estar más llena que vacía, porque el agua de la zanja en una parte era completamente roja, con otros colores amarillos, lavanda y azul real sorbiendo en los bordes de un círculo cada vez más amplio. La pintura había matado a la mayoría de las espadañas, cuyos tallos sin cola quedaban en pie en la recién creada paleta del pintor, como pinceles a la espera de ser elegidos para una obra aún no pintada pero conocida.

Sin embargo, en el centro exacto de la parte más roja del lienzo ondeaba una espadaña viva, floreciendo en la pintura. Era del más magnífico color rojo, brillante como el vellocino de oro, y estaba hinchada casi hasta reventar.

—¡Ahí está! —aulló Meowcher, perdiendo por un momento su acento femenino—. Ahora solo tengo que averiguar cómo conseguirlo sin cubrirme de pintura. Tal vez pueda sobrevolarla y quedarme allí, como un pájaro zumbón, mientras la saco del agua. Así podré llevárselo a Keely sin ensuciarme.

Parecía un buen plan, pero Meowcher no tuvo en cuenta que podía ser un poco difícil arrancar una espadaña del suelo pantanoso y elevarla por los aires. No tardó en descubrirlo. Después de envolver y asegurar su trozo de arcoíris alrededor de su cuello, voló a una posición al lado de la espadaña y comenzó a tirar del tallo de la espadaña tan fuerte como pudo con sus patas y luego trató de tirar con los dientes. Como no podía agarrar firmemente el tallo resbaladizo, pasó un extremo suelto de su pañuelo arcoíris alrededor del tallo y trató de romperlo por debajo de la espadaña en lugar de arrancarlo del suelo. Agarró el pañuelo con los dientes e intentó volar de lado lo más rápido posible. Por un momento, pareció que iba a funcionar, pero en uno de esos segundos de vuelo, más rápido que un cronómetro, el arcoíris se deshizo, ya que, después de todo, el arcoíris es un material bastante vaporoso. Meowcher dio una voltereta y permaneció en el aire durante la primera parte de la caída, pero en la segunda, aterrizó en las aguas coloreadas, recogiendo varios tonos mientras remaba hacia la orilla, maldiciendo en voz baja.—Vaya. La estúpida espadaña debería ser decapitada. Ja.

Durante los siguientes momentos, intentó limpiarse, lamiéndose los bigotes y limpiándose la cara con las patas. Para ver el resultado de sus esfuerzos, encontró un lugar un poco más limpio en la zanja y miró atentamente su reflejo.—Ye-ee-ow. Esto no tiene remedio. Me parezco a una de esas pinturas de las que la abuela siempre le hablaba a Keely-Jackson Pol-lock, creo. Abuelita decía que siempre parecían como si hubiera tirado latas de pintura en su lienzo, dejando que goteara en algo increíble. No puedo decir que esto caiga en esa gama increíble, más bien en ese aspecto de último de la Pascua, en el que mezclas todos los colores sobrantes para crear una última obra maestra que acaba pareciendo barro coloreado.

—¿Qué debería intentar ahora? —reflexionó Meowcher—. Bueno, apuesto a que puedo masticar el tallo. No creo que el sabor me emocione, pero también podría ver si mis dientes son lo suficientemente afilados como para hacer el truco.

Meowcher juntó los jirones que quedaban de su bufanda

arcoíris, se los puso alrededor del cuello y los sujetó con su alfiler. Incluso intentó sacudirse delicadamente algunas de sus nuevas manchas y consiguió esparcirlas por las totoras circundantes, como un artista que sacude su pincel sobre un lienzo en espera. Voló despacio, intentando evitar a toda costa el contacto con el agua. Manteniendo una posición flotante ligeramente por debajo de la base de la espadaña, giró la cabeza, agarró el tallo con los dientes y empezó a masticar.

Qué asco. Sabe a cartón empapado, no tiene mucho sabor. Pero ningún sabor es mejor que un sabor asqueroso, pensó Meowcher. Siguió masticando y la espadaña empezó a doblarse. Justo antes de que el tallo se rompiera, Meowcher cogió suavemente la espadaña con la boca y tiró suavemente. Lo consiguió. Se quedó volando un instante con la cola roja en la boca, los bigotes crispados y los ojos sonrientes. El mensaje de Meowcher resonó en el viento mientras volaba de vuelta a los establos:—Tengo la cola de gato. Ya voy, Keely.

Mientras tanto, la madre de Keely estaba en el viejo jardín, recogiendo objetos y hablando consigo misma.— Primero el ojo de un susano... vaya, he echado de menos este lugar. Aunque mamá ya no está, el jardín parece seguir prosperando. Tengo que venir más a menudo. Mira las rosas. Seguro que huelen de maravilla —se agachó y las olió profundamente todas: rojas, moradas, amarillas, melocotón, y un arcoíris pintado con los dedos del amor de su madre la conmovió por un momento. Siguió adentrándose por los senderos cubiertos de maleza, parándose a oler cada flor que encontraba, recogiendo algo de paz interior por el camino. Al cabo de unos minutos, llegó a un parche de margaritas de cara alegre, con sus brillantes centros amarillos rodeados de blanco, y junto a ellas encontró lo que buscaba—. Ah, los susanos de ojos negros. Ahí están todas. ¿No son preciosas, con sus vistosas cabezas amarillo anaranjadas y sus ojos púrpura oscuro, casi negros? Miren el vello que crece en sus hojas y tallos, casi como un pelaje —inclinándose, cogió un par de las más magníficas, las olió, sonrió y las metió en su improvisada bolsa echada al hombro.

—Bien, pasemos a los narcisos. Si no recuerdo mal, el campo de narcisos rodeaba una vieja fuente en medio del jardín —avanzó despacio y, tras atravesar algunas enredaderas que sobresalían de algunos árboles, llegó a un campo tejido con flores de narcisos amarillos y blancos. Había tantos que se quedó sin aliento. Empezó a recoger flores, eligiendo aquellas cuyos pétalos eran de un amarillo más vivo y los mejores ejemplos de mantequilla de narciso.

—Muy bien, son diez. Recogeré un par más por si las necesitamos. Creo que iré a ver la vieja fuente ya que estoy aquí. Seguro que está cubierta de maleza —llegó a la fuente y empezó a quitar la maleza de la base, despacio al principio y luego cada vez con más urgencia, como si algo la obligara a dejar al descubierto la estatua que había encima. Maggie liberó algunas de las raíces enroscadas de una placa de bronce deslustrado sujeta al pedestal, revelando parcialmente las palabras bajo el cielo oscurecido: vio *resmas*-seguidas de unas pocas letras ilegibles- y *osibles*.

Dejando la base en paz, continuó arrancando las enredaderas estranguladoras de la estatua.—¡Oh, no! —dijo—. ¡Mira esto! ¿Me están engañando los ojos? —allí, libre por fin de su carga de hierbajos y ramas, se alzaba un unicornio blanco y puro, perfectamente tallado. Aunque no había luz de luna, el unicornio brillaba en la oscuridad, y su lomo y cabeza de mármol permanecían fríos mientras la madre de Keely lo acariciaba suavemente. La cabeza del unicornio estaba ligeramente inclinada hacia abajo, con el cuerno inclinado en ángulo. Cuando la fuente estaba en funcionamiento, se suponía que el agua fluía por la misma punta del cuerno. Esta noche no corría agua, y las pequeñas grietas del cuerno indicaban que la fuente no se había utilizado en años. Estaba congelada, como viva-gracia atrapada en el tiempo, conteniendo el aliento, esperando volver a respirar.—Me pregunto cómo he podido olvidarme de esta fuente. Parece que ha pasado una eternidad desde la última vez que la oí gorgotear de risa.

Sacudiéndose la coleta, Maggie terminó de guardar los narcisos en su mochila y se dirigió a casa, con su parte de la misión casi cumplida. Entró por la puerta trasera de la cocina, sin siquiera preocuparse cuando la puerta mosquitera se cerró de golpe, inclinando hacia la izquierda el último par de contraventanas deterioradas. Abriendo los armarios, empezó a buscar los palitos de canela.—Palillos de dientes, soportes para magdalenas, sal, un terrón de azúcar moreno, Kool-Aid... debo haber olvidado que lo puse aquí —alargó todo el brazo hasta el rincón más alejado del armario, entre telarañas y harina de maíz derramada hacía tiempo, y sus dedos rodearon dos frascos de especias. Al tirar de ellos, descubrió que tenía un frasco lleno de semillas de amapola negra y otro con tres ramitas de canela. Los palitos de canela parecían cortezas enroscadas de color marrón rojizo dentro de una botella—. ¡Las he encontrado! Esto es estupendo. Ahora tengo que ir a los establos lo más rápido que pueda.

Salió por la puerta trasera antes de acordarse de la olla y el hornillo. Se apresuró a cruzar la puerta y bajar por el estrecho pasillo, tirando de las escaleras del ático hasta que se desplegaron con un fuerte crujido y un ruido sordo. Después de subir los tambaleantes escalones, tardó varios minutos en explorar varios montones de cosas hasta encontrar el montón correcto con su viejo equipo de acampada. Primero encontró una olla y luego rebuscó un poco más abajo en el montón, descubriendo el hornillo de gas Coleman de dos fuegos. Por suerte, aún quedaban un par de bombonas sin usar, un poco polvorientas pero llenas de gas. Buscó rápidamente algo con lo que envolver las bombonas para que no chocaran entre sí y sacó del fondo del viejo baúl de mimbre un gran trozo de tela de color azul claro, con cuadrados blancos a cuadros sobre el azul. La madre de Keely se detuvo un momento y se frotó la cara con la franela, enjugando una lágrima solitaria y un recuerdo lejano. Envolvió las dos bombonas de gas y las colocó cuidadosamente en la olla. Agarrando el hornillo por el asa de la maleta con la misma mano, consiguió colgarse la bolsa con otras cosas del cuello y aún le quedaban algunos dedos libres para ayudarla a bajar las escaleras.—Por fin lista para irme de verdad —dijo. Empezó a tararear una melodía mientras corría hacia los establos.

Mientras tanto, Keely trabajaba en sus objetos, los dos primeros de los cuales eran fáciles. Se metió la bolsa de recogida, una diminuta bolsa plegable, en el bolsillo trasero y voló rápidamente hacia sus cuatro mejores amigos: Lefty, Will, Chartreudy y Shorty.—Qué alegría verlos, chicos. Los he echado de menos —se colgó brevemente del brazo de Shorty y luego se balanceó suavemente sobre la hendidura en forma de V del ancho tronco de Chartreudy. Poniéndose de pie, rodeó todo lo que pudo el tronco con sus brazos, abrazándola con fuerza.—Chartreudy, necesito un favor. ¿Puedo pelar unos trozos de tu corteza para usarlos en una medicina para Crea? No quiero hacerte daño, y los arrancaré con mucho cuidado —el árbol pareció entender, y cuando Keely empezó a quitar la corteza, el árbol se relajó y soltó los trozos sin ningún tirón.

A continuación, Keely trepó a los brazos de Will, casi hasta la cima de su querido amigo. Subió hasta el mismo lugar donde a menudo había llorado hasta quedarse dormida para detener el dolor de las palabras hirientes. Mirando de cerca, Keely vio que había varios lugares en el tronco de Will donde la savia había sangrado desde el interior y cristalizado en grumos pegajosos en su corteza. Varios de estos grumos de savia tenían exactamente la forma de grandes gotas de lágrimas. Preguntó a Will si le dejaría coger algunas de sus lágrimas de sauce, y la respuesta que intuyó fue—: Por supuesto —las colocó cuidadosamente en su bolsa con la piel de abedul y descansó un momento, pensando en el mejor plan para conseguir las gotas de hielo de un cielo de verano.

Mirando hacia la luna, todavía envuelta en magulladas nubes púrpuras, Keely decidió intentar recoger algo de hielo de las nubes más altas. Ató las suaves asas de su saco de recolección a través de un par de trabillas del cinturón y voló hacia los cúmulos de nubes tan rápido como pudo. Las primeras que alcanzó no tenían hielo, solo un poco de agua, así que voló más alto. Keely se dio cuenta de que hacía mucho más frío a medida que volaba y de que no había estrellas que la calentaran o la guiaran.

Justo en su camino, por encima de su cabeza, unas nubes pesadas y magulladas se plegaban unas contra otras, rugiendo con truenos al chocar. Destellos de relámpagos malignos atravesaban las sombras. Keely tembló, en parte de frío y en parte de preocupación. Nunca había volado tan lejos, ni siquiera cuando perseguían y cabalgaban las colas de las estrellas, y esta vez estaba sola. Tragando saliva, se adentró en el pliegue más negro y retrocedió bruscamente. En su interior, los relámpagos volaban aleatoriamente por la oscuridad, de vez en cuando salían de la nube y desaparecían en el cielo nocturno. Dispuestas en hileras ordenadas, las bolas de hielo se extendían de un lado a otro. Era imposible saber cuántas capas de bolas de hielo había, pero Keely contó al menos cinco. Cada vez que la nube se movía, las bolas de hielo rodaban, chocando unas contra otras; el estruendo de los platillos era tan fuerte que a Keely le zumbaban los oídos de dolor. A Keely le parecían bolas de bolos en miniatura chocando entre sí en lugar de aquellos bolos malabares.

Mientras Keely contaba las bolas de hielo, otro macizo de nubes magullado se plegó al que ella pisaba, y una avalancha de bolas de hielo del intruso chocó contra las filas existentes, derribando a Keely. Keely patinó y chocó contra el campo de hielo, riendo mientras se deslizaba por el suave borde de la almohada, sin reconocer el peligro.—Bueno, esto es divertido: jugar a los bolos sobre hielo solo con las bolas. Será mejor que coja algunas antes de que empiecen a caer del cielo —nada más decir esto, la parte inferior de la nube negra y azul se abrió y las bolas de hielo fluyeron hacia el suelo. Ella abrió su bolsa, recogiendo frenéticamente tantas bolas de hielo como pudo antes de que derramara todo su tesoro.

Keely fue escupida junto con las bolas de hielo, y durante unos angustiosos instantes cayó sin control hacia la tierra. Las sombras del terror se aferraron a ella mientras caía. Keely necesitó toda su concentración para detener el pánico que se apoderaba de ella y frenar su caída. Buscó refugio inmediato de la avalancha de hielo y, mirando a la izquierda, vio un banco de nubes que aún eran plateadas, todavía no negras. Sujetando la bolsa por encima de su cabeza, voló tan rápido como pudo hacia el centro de la almohada plateada. No solo estaba segura y seca en su interior, sino que era increíblemente suave y la sostuvo con delicadeza mientras las bolas de hielo surcaban los cielos oscurecidos, golpeando las calles y rebotando contra árboles y tejados hasta que se quedaron sin energía y yacieron temblorosas en el suelo.

—Uf, ha estado cerca.

Cuando el cielo se calmó, Keely, aliviada, se zafó con cuidado del abrazo de las nubes y se colgó la pesada mochila a los hombros, utilizando las suaves asas como correas. Continuó su vuelo hacia los establos—. Ya voy, Crea —pensó, cantando a la oscuridad.

Cosechando hielo del cielo de verano

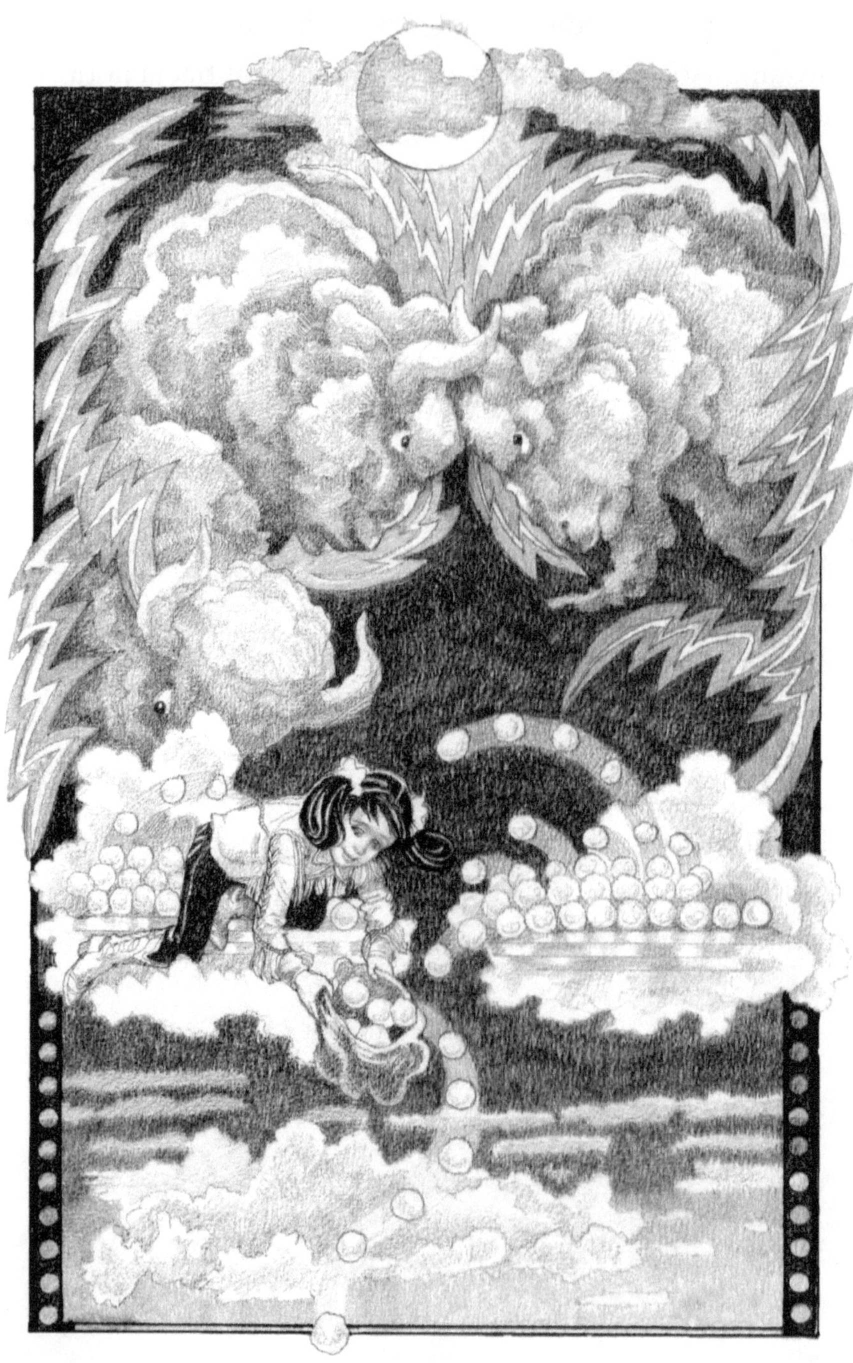

Capítulo Doce

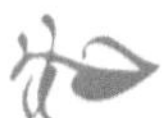

Brebaje de Medianoche

Todavía estaba oscuro cuando Keely se acercó a los establos, y la luna seguía ocultándose tras las nubes. Fue la última en llegar, y los demás la saludaron cordialmente mientras se descolgaba la mochila de la espalda. Su madre encendió y volvió a colgar el farol de aceite; brillaba, proyectando sombras extrañas por todo el establo.

—Empecemos —dijo Maggie—. Aquí está la olla. Prepararé el hornillo y lo encenderé —la madre de Keely trabajó durante varios minutos para enganchar la bombona de gas, ya que las piezas estaban oxidadas y resultaba difícil encajarlas. Sin embargo, lo consiguió y se volvió para ver cómo iban los demás.

El hielo del cielo de verano se derritió rápidamente, pero aún quedaban varios trozos grandes. Keely vertió tanto las bolas de hielo intactas como el líquido en la olla.—Tu turno, Growler.

Plop. Plop. Las dos bellotas salpicaron en la olla mientras las escupía desde el profundo bolsillo de su papada.

—Me alegro de deshacerme de ellas. Empezaban a estar un poco blandas y no me gustaba su sabor amargo. Me irritaban la garganta más de lo normal —comentó Growler.

—Tú turno, Meowcher —Keely se volvió hacia ella y la miró detenidamente por primera vez desde que había vuelto a los establos—. ¡Caramba! ¿Qué te ha pasado? ¿Qué hay por todo tu hermoso pelaje?

La pintura se adhería a todas y cada una de las puntas de su pelaje de percal, excepto en los bigotes y alrededor de los ojos y la boca, donde se las había arreglado para lamerse. Su cola parecía conservar la mayor cantidad de pintura. Incluso había algunas manchas de pintura naranja y verde fluorescente brillante, colores que no habían sido visibles en la superficie del agua, pero que evidentemente se habían acumulado bajo la superficie en las zonas por las que Meowcher nadaba para salir del agua. La pintura tardaría meses en desaparecer, y seguiría siendo fuente de conversación y comentarios durante todo ese tiempo.

—Humph —resopló Meowcher—, fue increíble. Estaba cerrrrrado. Déjenme que les cuente lo que ha pasado —y así lo hizo, alargando cada sílaba para enfatizar su indignación.

A continuación, Meowcher destrozó la cola de totora roja sobre la maceta, deshilachándola en pedazos con sus garras. La pintura roja había sido absorbida hasta el núcleo de la espadaña cuando la planta bebió de la acequia, y el color era uniforme, rojo en cada una de las púas de cola, suavemente emplumadas, no solo una capa o un barniz que ocultaba el marrón que había debajo. Hicieron poco ruido al posarse y flotar sobre el agua helada, con algunos grumos pegados a los lados de la maceta.

—Muy bien, mamá, te toca.

Maggie se acercó rápidamente. Empezó con la mantequilla de diez margaritas, depetó hábilmente diez de las más amarillas, esparciendo su mantequilla por encima de las plumas de totora. Luego cogió el Susano de ojos negros más grande y hermoso y separó con cuidado el ojo del resto de la flor. Colocada con cuidado en el centro de la maceta, encima de los pétalos de narciso, pareció florecer en un nuevo y exótico tipo de flor con pétalos amarillos y plumas rojas asomando por los bordes. Era demasiado bonita para tocarla.

Pero Keely lo hizo, mientras desgarraba la corteza de Chartreudy en pequeños trozos y los esparcía uniformemente sobre los pétalos. A continuación, extrajo las lágrimas de Will, las sostuvo un momento en la palma de la mano y luego se inclinó rápidamente sobre ellas, rozándolas con un beso mientras las introducía en el agua helada—. Gracias, Will. Gracias, Chartreudy —murmuró Keely.

Una vez encendida la estufa, el hielo no tardó en derretirse, y pocos minutos después toda la mezcla hervía vigorosamente. Keely utilizó dos de las tres ramitas de canela para remover el brebaje, y el olor de la canela se extendió por el aire, mezclándose con el delicado perfume de los narcisos, los susanos de ojos negros y la corteza de abedul. Las lágrimas de sauce tardaron un poco más en derretirse y formar parte del brebaje. Parecían cintas confitadas de caramelo mientras se ablandaban y, a medida que continuaba la mezcla, se arremolinaban en hilos opacos, aferrándose a los rizos de canela hasta disolverse.

Meowcher destroza la espadaña roja.

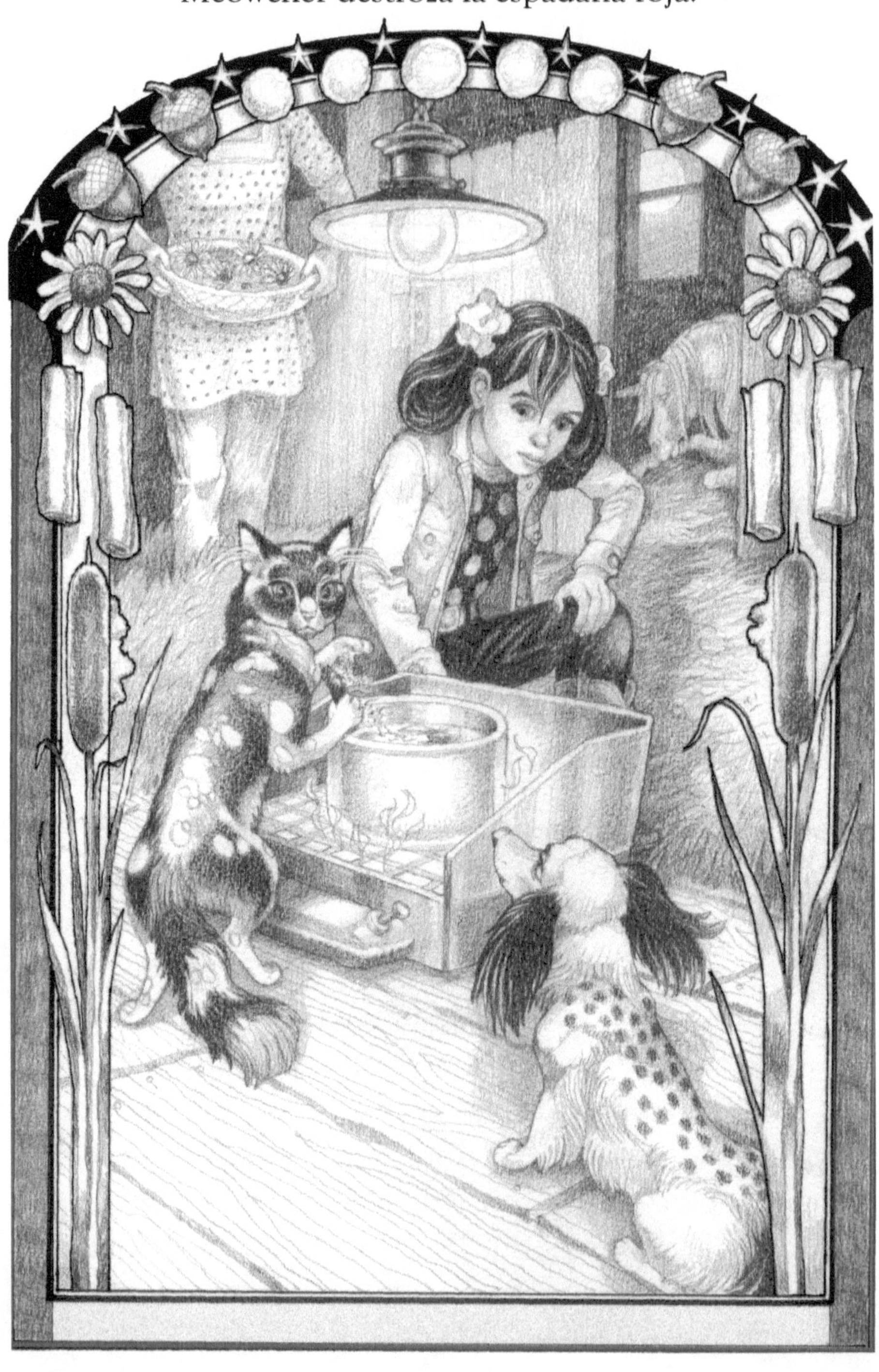

—Ya está listo. Pero creo que está demasiado caliente para beber —Keely vertió parte de la infusión caliente en un cuenco grande y empezó a abanicarla con la mano para enfriarla. Al cabo de unos instantes, probó la temperatura sumergiendo los dedos en el líquido—. Aún está demasiado caliente —siguió abanicando la mezcla y probándola de vez en cuando hasta que sintió que se había enfriado lo suficiente como para que Crea pudiera beber sin quemarse la boca. Meowcher, Growler, Keely y Maggie se reunieron alrededor de Crea, que intentaba sorber la mezcla a través de la tercera pajita de canela. Keely sujetaba el fino rizo de especias y Maggie sostenía el cuenco para que no se volcara.

Mmm, qué rico. Esto sabe delicioso, pensó Crea mientras bebía. *Me gusta.*

Mientras sorbía las últimas gotas del cuenco, Crea empezó a sentirse extraña. La cabeza le daba vueltas a cámara lenta y notó que una creciente mancha de estrellas rodeaba su trompa; el zumbido de las voces se hacía cada vez más tenue. Se desplomó y cayó suavemente sobre un montón de paja en el establo, cerrando los ojos mientras se alejaba hacia las estrellas.

—¿Qué ha pasado? —se lamentó Keely—. ¡Oh, no! ¿Está muerta? ¿Qué hemos hecho?

Capítulo trece

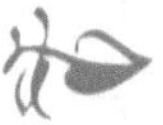

Primeras Pistas

La angustia parecía suspendida en el aire para siempre, el silencio solo roto por los sollozos de los cuatro. Keely alargó la mano para acariciar el cuello de Crea y recostó cariñosamente la cabeza sobre su espalda, sin dejar de tocarla. De algún lugar muy, muy lejano llegaban palabras tranquilizadoras y silenciosas que solo Keely podía oír, que solo Keely podía sentir que estaban allí.—Shh, shh, Keely, no llores. Crea vive. Duerme. Duerme. No siente dolor. No llores. Tu medicina la hizo dormir y le bajó la fiebre.

Y entonces la voz apagada, su don del tobillo, continuó, los sonidos acariciando las mejillas de Keely.—Ahora viene lo difícil, Keely. Crea permanecerá en este estado de reposo durante poco tiempo, y luego morirá o se recuperará. Para que se recupere, deberás viajar a los lugares más recónditos del universo para encontrar el tratamiento. Te diré lo que tienes que buscar y lo que tienes que traer de vuelta, pero no puedo ayudarte a reunir las cosas. Crea y tú están unidas, y esta conexión será la clave para su cura. Meowcher y Growler son tus ayudantes; llévate a Red Chariot contigo para transportar los ingredientes de la poción. Antes de empezar, asegúrate de conseguir nuevas tiras de arcoíris fresco para Meowcher y Growler y para atar alrededor de las ruedas del Red Chariot. No tienes mucho tiempo. Justo antes de partir, dale la vuelta al reloj de arena de tu abuelo. Debes volver antes de que se acabe la arena roja, o Crea morirá. Sobre todo, Keely, no tengas miedo. Tú puedes hacerlo. Cree en ello. Cree en ti misma.

Keely abrió los ojos y miró a los demás para ver si también habían oído la voz. Pero los demás seguían llorando en silencio, pensando todavía que Crea había muerto. El suspiro de la voz hizo cosquillas en la memoria de Keely, pero permaneció olvidado. Keely sabía que la voz era parecida a la de la abuela, pero no exactamente igual. Era una de las voces más fuertes de su cabeza, no como las molestas voces de hadas que solían molestarla de niña. Esta era mucho más fuerte y persistente, y quería que actuara según sus palabras. Por un momento, Keely pensó que podría tratarse de la voz de su ángel de la guarda, enviada para vigilarla, y no andaba muy desencaminada. La abuela solía decirle que todo tipo de seres y animales especiales eran ángeles de la guarda, y tal vez se refería a esto.

Keely no lo sabía, de hecho, era su sentido de la tinta lo que le facilitaba sentir las voces además de oírlas. Esta era una de las lecciones que la abuela había planeado enseñarle cuando cumpliera doce años. Ahora Keely no tenía elección; tenía que descubrirlo por sí misma y aprender a confiar en lo que oía y sentía.

—Está durmiendo —dijo Keely—. No está muerta, todavía no. Acabo de oír una voz que me dice lo que tenemos que hacer para que no muera. Tenemos que darnos prisa; no tenemos mucho tiempo. Es muy grave. Nuestra medicina ayudó un poco y le bajó la fiebre, pero no la curó —Keely apartó las dudas, esforzándose tanto por ser la valiente, por creer en sus sentidos, por confiar en sus pensamientos, por escuchar a sus tientos.

—Meowcher, Growler, debemos prepararnos inmediatamente para un largo viaje, y nos llevaremos a Red Chariot con nosotros. Mamá, volveré tan pronto como pueda. Por favor, cuida de Crea hasta que volvamos.

—Keely, no quiero que te vayas —dijo su madre—. Tengo miedo por ti. ¿Y si te pasa algo? ¿Por qué no llamamos al veterinario y vemos si puede ayudarnos? Por favor, no vayas. Tengo un mal presentimiento —suplicó.

—Mamá, esto es algo que tengo que hacer. Crea morirá si no intento salvarla. No te preocupes. Meowcher y Growler cuidarán de mí y volveré antes de que te des cuenta. Ahora tenemos que ir a casa para que pueda empacar algunas cosas y prepararme para el viaje.

La madre de Keely empezó a protestar de nuevo, a ordenarle que se quedara, cuando oyó que la brisa soplaba suavemente su nombre.—Mag-gie, Mag-gie, por favor, déjala ir. Cree en ella. Keely puede hacerlo. Debe hacerlo. Ayúdala a ser fuerte. Díselo. Díselo, Maggie —sacudiendo la cabeza, Maggie observó cómo la brizna de viento entraba silbando por la puerta del granero, arrastrando unas cuantas hojas con su canción. La madre de Keely, que aún no creía haber oído nada, sacó de su bolso la suave manta de franela a cuadros azules y blancos y la colocó suavemente sobre la dormida Crea. Después de alisar todos los pliegues y ponerla alrededor del cuello de Crea, empezó a arrullarla con una nana, musitando las palabras en silencio—: Duerme, pequeño. No te despiertes, mamá está aquí. Todos los cuidados se llevarán.

Entonces la madre de Keely respiró hondo, se inclinó y besó a Crea en la parte superior de la cabeza.—Por favor, mejórate, Crea. Mejórate —dijo, y se levantó y se unió a los demás cuando se marchaban a casa de Keely. Justo antes de que despegaran, Keely pensó en algo que casi había dejado atrás, corrió de nuevo a los establos, cogió la vieja alfombra y la extendió en el fondo del Red Chariot.

Una vez que estuvieron todos en casa de Keely, los preparativos se agitaron un poco. Cada uno tenía sus propias ideas sobre lo que necesitaría, y la pila de provisiones crecía en medio del suelo de la cocina. Meowcher sacó un viejo cubo de playa y una pala de plástico. Growler encontró una cuerda, un gran ovillo de cordel y tres paquetes de Bubble Yum morado rancio. Keely añadió una toalla de playa, un par de sudaderas, un pequeño martillo y una linterna con pilas tamaño D de repuesto. La madre de Keely preparó sándwiches de mantequilla de cacahuete y mermelada y un tarro de un galón de Kool-Aid, utilizando los paquetes de sabor cereza que había descubierto cuando buscaba las pajitas de canela. Añadió algunos huesos para Growler y varias latas de atún para Meowcher.

No tardaron mucho en empaquetar a Red Chariot. Mientras el resto seguía empaquetando, Keely emprendió un rápido vuelo hacia el arcoíris más cercano. Cuando estaba sola, su estilo favorito de vuelo consistía en desplegar los brazos para atrapar el viento y volar en ángulo para sentir el contacto con el cielo. A veces se ponía boca arriba para tener una perspectiva diferente, volando boca abajo, remando con las manos para avanzar o retroceder o para detenerse y colgarse durante un par de minutos para contemplar de cerca las estrellas. Keely sonrió y cerró los ojos, planeando en silencio y dejando que el aire fresco de la noche la llevara hasta las rayas que la esperaban a lo lejos.

Por suerte, aún había un enorme arcoíris arqueando el cielo, restos de la tormenta en la que Keely había recogido bolas de hielo. Empezó por un extremo y enrolló las frescas tiras de algodón de azúcar de color melocotón, rosa, lavanda y verde menta. Después de hacer una bola con ellas y meterlas en su funda de almohada, se dirigió a casa tan rápido como le permitían sus pensamientos.

Keely pasó zumbando por delante de su madre, Meowcher y Growler y entró en el salón para contemplar el reloj de arena, que seguía en su lugar de honor encima del televisor. Era realmente enorme, y si hubiera estado en el suelo, habría llegado más arriba de la cintura de Keely. La arena roja brillaba con los primeros rayos de la mañana que se asomaban por las ventanas con persianas venecianas. Keely se subió a una silla para alcanzar su estante y empezó a darle la vuelta al reloj de arena para empezar a medir el tiempo, pero entonces se le ocurrió una idea mucho mejor. Agarrándolo firmemente con ambas manos, se bajó de la silla y giró el reloj de arena no sobre su extremo, sino de lado, en un rincón oscuro de la habitación.—Ahí estás, escurridiza —dijo—. No vas a robarle tiempo a Crea, ni tampoco a mí. Túmbate de lado, que la arena no se acaba. Oye, abuelo, ¡no voy a dejar que ese gusano de Dune nos robe el tiempo! —Keely megafoneó al cielo con las manos alzadas como trompetas mientras corría por la cocina hacia el Red Chariot que la esperaba.

Maggie la vio salir a toda prisa.—Keely, quizá quieras ponerte tus botas de vaquero —sugirió—. Las tomé prestadas para mi viaje a los establos, pero están aquí por si quieres ponértelas. Incluso las he limpiado un poco.

—Claro. Me preguntaba dónde las había dejado. Sé que estaban llenas de barro —dijo Keely mientras metía los pies en las botas, aún demasiado grandes. Tuvo que volver a quitárselas y rellenar los dedos con papel de periódico y bolas de algodón para que le quedaran bien. *Ahora me parezco al tío Don*, pensó Keely, frotándose un dedo y luego el otro con la manga del jersey. Mientras pulía, aparecieron algunas letras en el ribete de piel de serpiente verde de imitación: primero una D, luego una O, después una R, después una A, después una D y luego una O, seguidas de un semicírculo arqueado que escupía delicados chorros de lavanda, rosa, melocotón y verde menta.

—¿Dónde he visto yo esos colores? —dijo en voz alta—. ¿Qué significa esto? D-o-r-a-d-o hmm. ¿Qué puede ser esto? Conozco este signo, pero ¿qué es? Meowcher, Growler, ¿qué creen que es esto?

Justo cuando las palabras salían de su boca, los tres pensaron juntos en la respuesta.

Arcoíris. Arcoíris dorado.

—¡Nuestra primera pista! Tenemos nuestra primera pista. Pongámonos en marcha —dijo Keely entusiasmada. El embalaje del Red Chariot estaba terminado, y su bicicleta parecía bastante abatida, de pie, sola y sin arneses por primera vez en mucho tiempo. Keely sacó su rollo de arcoíris y empezó a envolver primero las ruedas de su Radio Flyer, luego el manillar, y completó el trabajo metiendo algunos trozos entre el rollo de cordel y el tarro de Kool-Aid. A continuación, desenrolló dos trozos largos, del tamaño de una bufanda, y envolvió uno alrededor del cuello de Meowcher y el otro alrededor del de Growler. Abrochó ambas bufandas con sus alfileres y se apartó para admirar su obra—. Bueno, creo que estamos listos —dijo—. ¿Nos olvidamos de algo? Hagamos una lista rápida —mirando a su alrededor por última vez, Keely vio la vieja funda de almohada, ahora medio llena de arcoíris, en el suelo—. Será mejor que la meta en algún sitio —murmuró—. Nunca se sabe cuándo vamos a necesitar uno o dos arcoíris más. Y estos guantes de cuero que dejó el tío Don, supongo que también los meteré. Aunque son demasiado grandes, abrigan bastante.

Tardaron varios minutos en comprobar una y otra vez las provisiones, pero al final se sintieron seguros, por fin listos para partir. Growler se ofreció voluntario para tirar del Red Chariot, y Keely le hizo un arnés con dos viejos cinturones de cuero de su padre, envolviéndolos con fragmentos de arcoíris en el último segundo para facilitar el vuelo.

La madre de Keely estaba en la puerta de atrás, ahogando las palabras:—No pueden ir —intentó sonreír mientras los animaba—. Tengan cuidado. Vuelvan pronto y no se preocupen por Crea. Iré a verla a menudo para asegurarme de que está bien —se cruzó de brazos y se abrazó el pecho con fuerza, intentando no mostrar su miedo. Justo cuando estaba a punto de decir algo más, un pensamiento lejano revolvió su mente con un recuerdo, una voz, deteniendo el río de palabras.

—No te preocupes, mamá —dijo Keely—. Estaremos bien.

—No quiero... —Las palabras se atascaron en la garganta de Maggie. El pensamiento se evaporó, amortiguado, cambiando a —quiero-mmm... y Keely, acuérdate de parar y oler las flores —dijo su madre con una sonrisa. La madre de Keely no podía precisar qué era lo que estaba cerrando el flujo de palabras amargas y lava que solían saltar de su boca, quemando a cualquiera que estuviera al alcance de sus oídos, pero el cambio fue sorprendente y bienvenido para los que la rodeaban.

El grupo se puso en marcha en una ráfaga de pensamientos positivos. Red Chariot estuvo a punto de volcar en el primer tejado, pero Growler reaccionó con rapidez y salvó la situación. Nadie oyó las últimas palabras, apenas audibles, de la madre de Keely, que fueron absorbidas y se desvanecieron en la bruma matinal.—Creo en ti, Keely. Creo en ti.

Capítulo catorce

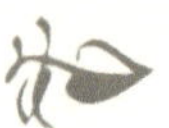

Río de Arcoíris

Volaron en silencio durante varios minutos, todos concentrados en volar y tratando de no preocuparse por Crea ni por la tarea que tenían por delante. Keely estaba dándole vueltas al críptico mensaje "Arcoíris dorado" intentando decidir si se refería al oro del arcoíris y al oro al final del arcoíris o a un arcoíris que solo era de color dorado en lugar de varios colores. El siguiente problema, por supuesto, sería averiguar qué era exactamente lo que debían encontrar allí para ayudar a Crea.

Después de volar a través de cuatro pequeños arcoíris de solo tres colores (rosa, azul y amarillo), se acercaron a un objeto plateado con forma de cazo que colgaba inmóvil en el cielo; las estrellas centelleaban en sus esquinas, recubriendo de estrellas tanto el cuenco del cazo como el largo mango curvado. Se elevaba grácilmente y era más alto que tres casas de dos pisos apiladas una encima de otra, un mini rascacielos—. *Me pregunto qué será*—pensaron todos a la vez.

—Vamos a verlo. Es hora de parar a comer, y éste parece un buen sitio —dijo Keely mientras se detenía en la parte superior del asa del cazo, eligiendo un lugar aplanado que era lo suficientemente amplio como para colocar una comida de picnic—. Esto está muy bien. Se siente tan suave, y pensé que haría frío tan arriba en el cielo, pero no es así. Siéntense —el grupo se balanceó con cuidado sobre la superficie metálica de medio metro de ancho mientras comían. Después, Keely volvió a empaquetar el Red Chariot y ajustó el arnés en el pecho de Growler. Sin embargo, en lugar de salir volando, no pudo resistirse a explorar un poco aquel misterioso objeto.

—Hmm, sabes, esto es extraño. Me pregunto por qué está aquí. Quizá sea uno de los cazos de los que habló el abuelo. Me dijo que había dos, uno pequeño y otro grande, y que uno parecía verter estrellas en el otro. No recuerdo cuál era cuál. Y la abuela me contaba cuentos para dormir sobre niños que se quedaban atrapados en la luna y luego se subían a cazos para viajar por el cielo. Los llamaba transbordadores de cazo. ¿Quizás esa era una de sus historias reales? Miremos la parte inferior del mango y examinemos la parte del cazo.

La tropa bajó volando y se acercó tentativamente al cuenco del cazo, lleno de luces agitadas que latían furiosamente como la cola de un remolino. Parecía estar esperando en el espacio, en punto muerto, por alguna razón. En cuanto lo tocaron, sus manos y patas se volvieron locas y se pegaron instantáneamente al borde del cuenco del cazo, bloqueándolas en su lugar. Todo el minitransbordador despegó. Ya no esperaba a los pasajeros. A Keely le vino a la memoria el recuerdo del Abuelo y el Pegamento Loco y su firme creencia de que la Pega Loca era el mejor invento del mundo porque podía pegar cualquier cosa para siempre. *Espero que se equivocara,* pensó Keely, *y más vale que esto no sea Pega Loca.*

—¡Y-e-o-ow! —gritó Meowcher. Los chillidos brotaron de sus pensamientos y bocas mientras se deslizaban y agitaban por los cielos, serpenteando más alto y moviéndose tan deprisa que la parte —ow— de su aullido quedó atrás. A Keely se le puso la piel de gallina de miedo y miró a Growler y Meowcher. Vio que ellos también estaban asustados; su pelaje se erizó y sus cuerpos extendidos temblaron y se estremecieron. Keely cerró los ojos y se concentró. Utilizó el entrenamiento mental de Mariah para calmar primero su propio terror y luego envió los pensamientos tranquilizadores a sus compañeros. A medida que atravesaban varias bandas de estrellas dispersas, la pequeña lanzadera seguía ganando velocidad, precipitándose hacia su destino desconocido, pero el trío se relajó hasta cierto punto y se tranquilizó durante el resto del viaje. Keely observó fijamente el cúmulo estelar que se aproximaba y se dio cuenta de que aquellas estrellas eran diferentes. La dispersión se había perdido y formaban un diseño ovalado.

—Hmm, esas estrellas son extrañas —dijo—, y creo que tienen la misma forma que este cazo, solo que mucho más grandes —en el momento siguiente, no solo estaban en el grupo de estrellas dispersas; estaban casi dentro de él. Su pequeño cazo giró lentamente al principio y luego cada vez más deprisa, sumergiéndose en el cazo mayor de estrellas y pasando por una serie de chasquidos y ruidos de estallido hasta que se acopló a un puerto. Manos y patas se soltaron y todos cayeron al suelo de su cabina. Una docena de ojos de buey en el suelo revelaban las luces parpadeantes de la Vía Láctea. Por un momento pensaron que estaban a salvo, pero entonces el transbordador rugió de repente y golpeó sus cuerpos contra las paredes. No necesitaron cinturones de seguridad; la fuerza centrífuga los inmovilizó y, aunque no podían mover ni un músculo, aún podían hablar con el pensamiento.

Meowcher mantuvo su sentido del humor y bromeó con los labios sellados: *Al menos ya no estamos colgando de la Vía Láctea.* Viajaron vacilantes durante unos instantes a través de un cielo de melaza, sin ver nada y sintiéndose como si estuvieran envueltos en capas de mucosidad. Al cabo de unos instantes, la lanzadera de doble inmersión, con todos sus pasajeros temblorosos pero intactos, emergió y se detuvo en seco, balanceándose lentamente en medio del cielo, lista para desembarcar.

Meowcher fue la primera en descolgarse de la pared y lanzó un grito de alegría por su libertad. Se asomó por el ojo de buey a sus pies y vio una especie de suelo justo debajo de su ventana. En ese momento, vio un pequeño botón en el borde del ojo de buey. Lo pulsó con la pata sin pensárselo, el ojo de buey se abrió y ella cayó al suelo.—Uy —dijo, y unos segundos después añadió—: Bajen todos. Es seguro. Pulsen esos botoncitos. La ventana se abrirá.

Growler era un desastre. Se tambaleaba por el suelo, con el arnés retorcido y enredado por el viaje y arrastrando la Carroza Roja boca abajo. Murmuraba para sí:—Mira esto. ¡Caramba! ¿Cómo puedo deshacer este nudo? ¿Dónde están mis ruedas? —Keely ahogó una carcajada ante su difícil situación, ya que no le hacía ninguna gracia. Se movió rápidamente para ayudarle a enderezar el Red Chariot, pulsó su botón de salida y luego el suyo, uniéndose a Meowcher en el pequeño oasis, una pista de aterrizaje de tierra. Cuando los tres aterrizaron, los dos transbordadores Dipper despegaron. La Osa Menor encajó perfectamente en el interior de la Osa Mayor, y ambas despegaron para volver a su puerto de origen, la parte norte del cielo.

El grupo tardó unos minutos en acostumbrarse al nuevo suelo y en deshacerse de los escalofríos que aún tenían en brazos y piernas. Contemplaron asombrados el sorprendente entorno. A pocos metros delante de ellos, el arcoíris cubría el suelo, si es que podía llamarse así, con colores salvajes que entraban y salían de las nubes púrpuras, naranjas y rojas, absorbiendo la luz sobrante del brillante horizonte verde. Rayos de fuego surcaban el cielo, y los fuegos artificiales florecían en las distantes manchas de oscuridad -naranja, verde, dorado, rojo, azul y morado-, chisporroteando con un ligero chisporroteo al desaparecer en los charcos de color del suelo.

Los amigos se quedaron mirando juntos en total silencio, con tres pares de ojos asombrados, cada vez más abiertos por la emoción, mientras el cielo seguía parpadeando con fuego de colores. Keely se inclinó para tocar el suelo y descubrió que se movía. Cada cinta del arcoíris era en realidad un río de color que viajaba por el cielo, cayendo en la oscuridad en los bordes hacia destinos desconocidos. Keely metió la mano, que aún le temblaba por el viaje, en un par de estas cintas y descubrió, para su sorpresa, que se movían en distintas direcciones. Encontró cintas rojas que iban hacia el este, y cuando se alejó varios metros, la misma cinta roja se movía hacia el oeste.—Esto es bastante raro, Meowcher y Growler. Nunca, nunca he oído hablar de un río que pudiera correr en dos direcciones al mismo tiempo. Sé que no es un río normal, pero me pregunto cómo es posible. Y aún más, ¿qué son estas cosas? ¿Tienen alguna idea?

Growler respondió primero, tras tomarse un momento para aclararse la garganta; aún estaba ronco de tanto aullar a pleno pulmón.—Sabes, parece que estamos en la cima de todos los arcoíris. Tal vez estas diferentes cintas fluyen hacia el cielo y forman arcoíris más cerca de la tierra.

—Tal vez —dijo Meowcher—, puede ser que se muevan en diferentes direcciones porque un arcoíris tiene dos lados —se esforzaba por actuar como si nada fuera de lo normal hubiera ocurrido en su viaje—. Pero, ¿cuál es el lado de la olla de oro?

—Grandes teorías, y me parecen plausibles —comentó Keely. *Teorías* y *plausible* eran algunas de esas palabras que el abuelo utilizaba para describir las buenas ideas de otras personas, y simplemente le venían a la mente y le salían por la boca.

La verdad completa permanecía aún oculta, sin revelar. En realidad, estaban en la cima del cielo, a orillas del río Arcoíris, el lugar donde nacen todos los arcoíris. La leyenda dice que la cima del cielo está justo debajo del cielo, pero no había ángeles guardianes colgados en las sombras sobre los amigos para guiarles o decirles qué hacer; las pistas y las decisiones aún debían encontrarse dentro de sus propios pensamientos y mentes.—Sabes, si viajamos por la cinta dorada, quizá acabemos en el arcoíris dorado, o en la olla de oro, y podamos averiguar qué significa la pista

—dijo Keely—. El único problema, sin embargo, es intentar adivinar en qué dirección creemos que estará escondida la olla de oro: al este o al oeste —se quedó pensativa un momento—. Votemos. ¿Quién cree que la olla de oro está al este? Levantad la pata —tanto Meowcher como Growler levantaron sus patas—. Al este será. Dos son mayoría, y ni siquiera tengo que votar. Ahora, todo lo que tenemos que hacer es encontrar la manera de cruzar todas estas otras cintas y llegar a la de oro —dijo. La cinta dorada era la más alejada del trío y también parecía ser la más ancha. Todo el grupo seguía cubierto de mugre pegada del viaje en el objeto con forma de cuchara y les preocupaba que sus bufandas arcoíris no los mantuvieran en el aire si intentaban volar a través de las otras cintas. Y tenían razón: ninguno de ellos podía volar. Los pensamientos de Keely se negaban a moverla, y los fragmentos de arcoíris no les daban sustentación. Toda la tripulación de vuelo se quedó en tierra por el momento, y por lo que acabó siendo mucho tiempo.

Se discutieron diferentes posibilidades, incluida la de que uno de ellos nadara hasta la cinta dorada con la cuerda y luego tirara de los otros dos para cruzarla. Descartaron esta idea, ya que ninguno de ellos era un gran nadador. Finalmente, decidieron utilizar el Red Chariot como barco con todos ellos metidos dentro con las provisiones, utilizando las manos y las patas como remos. Keely desenganchó a Growler de su arnés y colocó a Red Chariot en la cinta roja más cercana. Empezó a llenarse inmediatamente de líquido de color rojo.—¡Caramba! No es impermeable —dijo Keely, tirando con fuerza del asa para que Red Chariot volviera a suelo más firme. Sacó todos los bártulos del vagón, incluida la alfombra, y miró con atención las esquinas interiores y los compartimentos de Abuelito. Descubrió que esas viejas manchas de óxido eran, de hecho, agujeros, y que había al menos cinco o seis lugares que causaban grandes fugas—. Bien, ¿cómo deberíamos arreglar estas grietas? Hmm —Keely echó un vistazo al equipo que acababa de sacar del vagón y vio los tres paquetes de Bubble Yum púrpura fluorescente—. Ya lo tengo. Que todo el mundo coja unos cuantos chicles pegajosos y empiece a masticarlos. Podemos usarlo para tapar todas las fugas, y apuesto a que se pegará muy bien al metal.

El chicle estaba rancio y casi duro como una roca; se tardó un rato en mascarlo lo suficiente para que se volviera blando y pegajoso. Era imposible masticar en silencio; los fajos de púrpura incandescente, pegados firmemente a sus dientes posteriores y al paladar, casi les cementaban las mandíbulas en posición abierta. Cuanto más masticaban, más fuerte era el aroma a uva que impregnaba el aire, del que todos disfrutaban. Sin embargo, después de masticar sin parar, Keely tragó saliva demasiado deprisa, lo que le produjo un picor en la garganta que la hizo toser. Un cosquilleo más tarde, escupió dos mejillas llenas de aire dentro del pegajoso glóbulo, soplando una burbuja del tamaño de su cara. No permaneció mucho tiempo en el aire, pero reventó en su flequillo y cejas, cubriéndole la nariz y las mejillas. Se rió con los demás mientras se la quitaba y escupió el resto del chicle en el hueco más grande, arrancando un trozo para que cupiera en otro agujero. Meowcher y Growler la siguieron, pero Keely tuvo que encargarse de esparcir el chicle, ya que estaba ensuciando el pelaje de las patas de Meowcher y Growler. Se les pegaba más en el pelo que en los agujeros.

Después de que Keely quitara todo el chicle que pudo de sus patas, Meowcher se sentó a lamer la suya durante varios minutos. Growler trató de limpiar las suyas, mojándolas en la cinta roja y luego frotándolas contra el suelo.

—Oye, mira esta suciedad que se está pegando a mis patas. Es arena, pero totalmente roja —gritó Growler. Su voz ya no era ronca; ahora era casi normal, profunda y cascajosa, y solo le dolía un poco la garganta.

Keely cogió un puñado y lo frotó con los dedos de una mano.—Vaya, creo que es igual que la arena roja que el abuelo usaba en su gigantesco reloj de arena. Tiene el mismo brillo y el mismo aspecto. Creo que guardaré un poco para llevarme a casa —recogió un par de puñados y los esparció en la bolsa de plástico del almuerzo, ahora vacía.

Keely decidió comprobar las fugas antes de recargar el Red Chariot. Colocó con cuidado el carro recién BubbleYummed en la cinta roja y miró atentamente los puntos morados, observando si se volvían rojos. Al cabo de unos instantes, Keely anunció que Char-i-boat estaba en condiciones de navegar o, al menos, no estaba absorbiendo ningún líquido no deseado. Sacó el carro del río y todos lo volvieron a llenar con sus cosas, empezando por la alfombra, aun ligeramente empapada por el primer intento de botadura. Se detuvieron un momento, contemplando el nuevo Char-i-boat flotando en el líquido rojo, y enviaron pensamientos positivos entrelazados con palabras, a su amiga Crea.

—Ya vamos, Crea. Cuídate. Te queremos.

Capítulo Quince

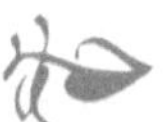

Deseasueños

Keely subió primero y se colocó a popa en su Char-i-boat, justo delante del espacio de almacenamiento. Growler fue el siguiente, moviéndose hacia el centro, y Meowcher subió el último, sentándose en la proa. El abuelo solía tener un velero cuando tenía dinero, y aunque Keely nunca vio el barco, aprendió que la popa estaba en la parte trasera y la proa en la delantera. Tuvieron que cambiar las cosas de sitio para que todo cupiera bien dentro. Durante un segundo no ocurrió nada, y entonces el Char-i-boat dio una sacudida hacia la izquierda, cogió velocidad lentamente y se desplazó rápidamente hacia el oeste, en medio de la cinta roja. Ninguno de ellos se dio cuenta de que la cinta roja empezaba a ensancharse en cuanto ellos empezaban a moverse. La cinta azul se alejaba cada vez más.

—Muy bien, tripulación, empiecen a remar tan fuerte como puedan —ordenó Keely, sumergiendo una mano en el líquido de un lado del vagón y la otra en el del lado opuesto. Acarició rápidamente con ambas al mismo tiempo. Growler y Meowcher remaron también, de la misma manera que Keely, sus patas salpicando gotas rojas por todas partes cuando golpeaban el agua. Lentamente se acercaron al lado opuesto de la cinta roja.

—¡Yeowch! —aullaron Meowcher y Growler al unísono, tirando de sus patas hacia el vagón—. ¿Qué demonios son estos bichos? Unas bestias peludas y rojas con ojos dorados y afilados garfios que les sobresalían por todo el cuerpo colgaban de sus patas, moviéndose furiosamente de un lado a otro, intentando liberarse.

—¡Orgacha! ¡Sndallogwon, reticha, reticha!

Keely oyó las palabras, pero no tenía ni idea de lo que significaban. Se concentró mientras repetían las mismas palabras con sus voces agudas y chirriantes. Hablaban al unísono, como si tuvieran una sola boca—: ¡Orgacha! ¡Sndallogwon, reticha, reticha! ¡Orgacha! ¡Sndallogwon, reticha, reticha! —el sentido de la tobera de Keely se activó de repente, y los sonidos se convirtieron en palabras para ella.

—Déjanos ir. No nos hagan daño. Por favor, por favor —gritaron las criaturas. Keely descifró las palabras desconocidas en español y las transmitió inmediatamente a Meowcher y Growler.

Tras recibir meses de entrenamiento mental de Mariah y luego de Crea, a Keely le pareció normal recuperar palabras no dichas del mundo que la rodeaba, ya fueran criaturas vivas o "cosas" inanimadas. Keely estaba conectada al cosmos. A veces su mente traducía idiomas o sonidos desconocidos al inglés, y ella ni siquiera se daba cuenta de cuándo ocurría. Las ondas sonoras desencadenaban la comprensión automática, y ella transmitía las palabras a Meowcher y Growler simultáneamente, lo necesitaran o no. Meowcher y Growler entendían bastante bien la mayoría de los sonidos, pero a veces las "palabras monstruosas" se confundían, normalmente cuando el dúo estaba asustado. Keely no solo confiaba ahora más en sus sentidos, incluido el de la tinta, sino que también los utilizaba para descubrir pistas. Su habilidad y confianza crecían cada día.

—Por favor, vengan aquí, Growler y Meowcher —dijo Keely—. Déjenme intentar quitárselos de su pelaje. Parece que sus garfios se engancharon en tu pelaje por accidente —Keely trabajó durante unos momentos para liberar a las pequeñas bestias, colocándolas con cuidado en un trozo de alfombra—. ¿Qué o quiénes son? —preguntó.

—Somos Rogos, guardianes de los Dragones de Fuego Rojo, guardianes del trueno, carceleros de la cinta roja. Libéranos de una vez —corearon.

—¿Qué es un Dragón de Fuego Rojo? —preguntó Keely.

—Lo mismo que los Dragones de Fuego Púrpura, los Dragones de Fuego Azul, los Dragones de Fuego Naranja, los Dragones de Fuego Verde y los gigantescos y malvados Dragones de Fuego Dorado —chillaron los Rogos.

—Bueno, supongo que eso lo explica todo —dijo Meowcher, que seguía sin saber de qué estaban hablando exactamente los Rogos.

Todos miraban a los Rogos con gran curiosidad, sin saber qué dirían o harían a continuación. Pensando que su vacilación era una negativa a acceder a su petición, los Rogos cantaron una oferta.—¡Patachai! Libéranos y te daremos paso seguro a través de estas aguas de fuego hasta el dorado que buscas.

Mientras se ocupaban de las criaturas, su Chari-barco seguía fluyendo hacia el oeste a un ritmo cada vez mayor. Sin previo aviso, justo delante de Meowcher, un escamoso brazo de fuego se abalanzó hacia el cielo, estallando en una lluvia de cristales rojos ardientes en el horizonte.—Ha estado muy cerca —suspiró Meowcher—. ¿Era uno de esos dragones rojos de fuego de los que hablaban?

—Sí, y hay dragones de fuego en cada uno de los ríos que hay que cruzar. Tienen un extraño sentido del humor y puede que les haga gracia volarte en mil pedazos como pieza central de su próximo florecimiento de fuego.

—¿También hay Rogos en los otros ríos? —preguntó Growler.

—No, claro que no —respondieron—. Rogos solo hay en el río rojo, y Blogos en el azul, Pogos en el púrpura, Grogos en el verde y Orgos en el naranja, pero todos somos guardianes.

—Te has dejado lo que se encuentra en el río de la cinta dorada. ¿Cómo se llaman las criaturas? —preguntó Keely. Tradujo su extraño idioma lo más rápido que pudo, saltándose una palabra aquí y allá.

—Bueeeeno, los dragones de fuego dorado son diferentes, ya lo verás, y sus guardianes no son iguales que nosotros. Necesitan más poder para controlar toda esa energía, y también tienen deberes adicionales.

—¿Y se llaman....? —repitió Keely.

—Wishkers —respondió el Rogos. El tono de chillido casi sonó como un chillido cuando dijeron la palabra.

—¿Wishkers? Ese es un nombre extraño —dijo Meowcher, moviendo sus propios bigotes ante la idea.

—Ese es su nombre. Son los Guardianes de los Deseos y

los Guardianes de las Estrellas del universo. Guardan todos los deseos y evitan que las estrellas caídas mueran. Cuando ves caer una estrella y pides un deseo, los Wishkers deben reaccionar rápidamente para enviar un Dragón de Fuego Dorado. Ellos son los que atrapan y tiran de la mayoría de las estrellas caídas hacia la cinta de oro, a veces lanzando también unas cuantas hacia las otras cintas. Una vez capturadas en los flujos, su fuego nunca morirá. Es un trabajo enorme. Y cada vez que un cometa azota el cielo, muchas estrellas son empujadas y caen sin previo aviso.

—Pero no lo entiendo. ¿Qué hacen con los deseos? Dijiste que guardaban los deseos. La abuela me dijo que los deseos eran llevados por una estrella fugaz a quien necesitara escuchar el deseo y pudiera concederlo. Pero si los Dragones de Fuego Dorado atrapan las estrellas y los deseos, ¿cómo puede hacerse realidad un deseo? —preguntó Keely.

—Bueno, ésa es una buena pregunta —respondieron—, y los Dragones de Fuego Dorado tendrán que aclararla. Nosotros solo podemos contar lo que sabemos —mientras Keely escuchaba la explicación, siguió traduciendo automáticamente los sonidos de pensamientos extranjeros al inglés para Meowcher y Growler. Era tan fluido que nadie se daba cuenta de que lo estaba haciendo, salvo cuando alguna palabra desconocida aparecía en el diálogo, hasta que Keely la descifraba.

—Hace mucho tiempo —comenzó el Rogos—, los Dragones de Fuego Dorado trabajaban en estrecha colaboración con un gran grupo de unicornios, liberando en ellos todos los deseos, esperanzas y sueños capturados con las estrellas. Era el deber de los unicornios concederlos y entregarlos a los deseantes correctos. Entonces, un día, todo cambió. Estalló una pelea y uno de los mayores dragones de fuego dorado perdió su fuego durante un mes, castigo por dejar caer estrellas fuera de las cintas del río Arcoíris. Culpó a los unicornios por distraerle, aunque probablemente fue culpa suya por intentar llevar cuatro estrellas al mismo tiempo cuando la carga normal era una. Cuando por fin recuperó su fuego, su tamaño, su rápido temperamento y su capacidad para escupir fuego a grandes distancias lo convirtieron en el dragón de fuego más poderoso de todos; todos se vieron obligados a seguir sus órdenes. Ordenó a los Dragones de Fuego Dorado más pequeños que desecharan los deseos, esperanzas y sueños y se concentraran en atrapar las estrellas y hacerlas llover en las cintas. A partir de ese día, todos los dragones de fuego dorado se negaron a entregar los deseos, esperanzas y sueños a los unicornios y, en su lugar, los tiraban después de atrapar las estrellas. Los unicornios hicieron todo lo posible por disculparse, aunque no fuera culpa suya, pero los Dragones de Fuego Dorado se negaron a escuchar. Entonces, el Super Dragón de Fuego Dorado ordenó a los demás que cometieran una acción aún más malvada. Les ordenaron capturar a los unicornios y encerrarlos en algún lugar bajo el arcoíris. Los Rogos debemos ser extremadamente cuidadosos y cuidar de los Dragones de Fuego Rojo, haciendo lo que los Dragones de Fuego Dorado quieren que hagamos. Si no seguimos sus órdenes, el líder de los Dragones de Fuego Dorado ha amenazado con fluir en todas nuestras cintas, robando sus colores y haciendo que nos desvanezcamos. No conocemos toda la historia, pero el último lugar donde queremos acabar es enjaulados bajo el arcoíris—: tagagondos.

Un momento después, Keely reconoció esta palabra y la susurró antes de que continuaran: "sin cintas".

Los Rogos ampliaron su explicación.—El río Arcoíris es el lugar de nacimiento de todos los arcoíris -la Central Arcoíris, por así decirlo- y parte de las obligaciones de los guardianes es asegurarse de que aparezca uno después de cada lluvia. Pero a veces no aparece ningún arcoíris, o se obtiene una fina franja de dos o tres colores en lugar de cinco a siete tonos. Esto ocurre porque los dragones de fuego se ponen en huelga o son perezosos y no quieren enviar un arcoíris, así que les damos un empujoncito para que cubran el cielo de colores brillantes. A veces los escupen al cielo, y otras veces enganchan uno en su cola y tiran de él por el cielo. Siempre tiran de los que aparecen después de esas tormentas gigantes con lluvias que duran horas; un arcoíris magnífico es vital para devolver la luz al cielo. Se está haciendo tarde y debemos volver al trabajo antes de que nuestros Dragones de Fuego Rojo se den cuenta de que nos hemos ido. ¿Están de acuerdo con nuestras condiciones, en liberarnos si les damos paso seguro hasta la cinta de oro? —los molestos y chirriantes graznidos de los Rogos cesaron por fin.

Keely miró a sus compañeros, que asintieron con la cabeza, y habló en nombre de todos.—Sí, estamos de acuerdo. Los liberaremos cuando lleguemos sanos y salvos a la cinta de oro.

Apenas pasó un momento antes de que los Rogos se movieran y se colocaran juntos en la proa del Char-i-boat. Levantaron juntos sus desgreñados brazos y empezaron a hacerlos girar tan rápido como podían, monotonizando las siguientes palabras:—Rogos. Rogos. Arcoíris-arcoíris. Arcoíris-arcoíris. Arcoíris-arcoíris. Cinta dorada ahora.

En un destello de luz abrasadora que roció las cintas, un puente de colores surgió de la niebla arcoíris. Los tablones eran cosas sólidas que colgaban juntas como un rompecabezas de ladrillos de Lego. Primero estaban los escalones rojos, luego los azules, morados, verdes y naranjas. En el último de los peldaños naranjas, los tablones giraban de lado y parecían de oro macizo, se extendían unos dos metros y llegaban a lo que parecía ser el suelo en el extremo más alejado de la autopista del arcoíris.

Sin arriesgarse, Keely saltó del Char-i-bote y empezó a remolcarlo rápidamente a través del puente, con Meowcher, Growler y los Rogos como pasajeros. En medio del tablón púrpura, echó un vistazo al líquido y sacudió la cabeza violentamente. En lugar de su propio reflejo, miró a los ojos de un unicornio púrpura.

–¡*Cavè!* —el lenguaje arcaico tocó primero los sentidos de Keely, antes de que el unicornio continuara en un estilo más formal de inglés que le recordó a Simon—. Ayudénme. Me tienen atrapado y no puedo soltarme. Ayudénme, por favor. Shh. Que no te oigan los Rogos —Keely entendió la mayor parte del discurso del unicornio, pero no envió los pensamientos a nadie más. Repetía una palabra una y otra vez—: *¡Cavè! ¡Cavè! ¡Cavè!* —Keely pensó que hablaba de una cueva, pero el unicornio cambió al español y la palabra *cavè* se tradujo como —¡Cuidado! ¡Cuidado! ¡Cuidado! Ten cuidado.

Reprimiendo su asombro, Keely preguntó tranquilamente cómo podía ayudar. Se agachó para que su cara estuviera casi en el líquido púrpura y les dijo a los demás que estaba viendo su aspecto en un espejo púrpura.—Rápido, tengo poco tiempo antes de que los Rogos sospechen —dijo—. Dime qué puedo hacer para liberarte. ¿Eres el único prisionero o hay más como tú?

La respuesta del unicornio púrpura tomó a Keely totalmente por sorpresa.—Oh, no y sí, somos muchos aquí abajo, bajo la fuente del arcoíris, y la mayoría estamos encerrados en vastas cavernas custodiadas por los Dragones de Fuego Dorado. Yo logré escapar de la caverna, pero quedé atrapado en esta mugre púrpura. Estoy usando toda mi energía para evitar que me succione el borde púrpura del arcoíris. Este puente es mi salvación, pero cuando los Rogos lo quiten, estaré perdido para siempre si no puedo salir ahora.

—Pero pareces un reflejo, como si estuvieras bajo una suave capa de cristal. ¿Cómo puedo llegar hasta ti? ¿Cómo puedo sacarte?

—Solo parezco un reflejo. ¿No tienes un cubo? Si es así, puedes sumergirme y permaneceré en este estado líquido hasta que me viertas sobre las arenas de púrpura. Necesito los granos de púrpura para mezclarme y recuperar mi verdadero yo. Una vez que vuelva a ser yo, correré junto a ti por este puente y me reuniré contigo en la caverna más grande bajo el arcoíris.

—Keely, ¿por qué tardas tanto? —aulló Growler—. ¿Qué hay de interesante en esa porquería púrpura?

—En realidad, esta cosa púrpura es bastante bonita —respondió Keely—. Pásame el cubo de plástico de la playa, por favor. Quiero llevarle un poco a Crea. Creo que le gustará salpicar un poco en su cuerno, imaginando cómo deben ser los Dragones de Fuego Púrpura.

—Eso es fácil —respondió Growler en su tono ronco y profundo—. Estoy sentado en ese cubo, así que sé exactamente dónde está. Toma, cógelo, ¿o quieres que te lo traiga?

—No, no te molestes. Puedo alcanzarlo. Muchas gracias —Keely cogió el cubo, dio la espalda a los pasajeros del Char-i-boat y lo sumergió rápidamente en medio del reflejo del unicornio. Tuvo cuidado de recuperar todos los destellos sobrantes de su sombra. Le bastó echar un vistazo al cubo para descubrir que asomaba la punta de un cuerno, así que agitó el líquido hasta que desapareció todo rastro de imagen. Sin más palabras, Keely agarró el cubo con una mano y el mango de Char-i-boat con la otra, y se apresuró todo lo que pudo hasta el final del tablón púrpura.

En el último segmento, se detuvo y miró hacia delante, por encima del borde. Debajo había una delgadísima franja de arena púrpura, entre el líquido púrpura y el principio de la cinta verde.—Un momento, chicos —dijo—. Quiero recoger algunos de estos granos de arena púrpura. Son tan bonitos —se agachó para alcanzar la arena, colocando con cuidado el cubo entre los diminutos brillos parecidos a la sal. Fingió coger algunas motas de arena mientras volcaba con cuidado el cubo varado, apuntando a la astilla de arena, y observó cómo el líquido desaparecía inmediatamente en el brillo del suelo—. ¡Vaya! —exclamó Keely en voz baja.

—¡¿Qué es eso?! —gritaron juntos Meowcher y Growler. Mientras miraban, un cuerno grácil y retorcido asomó suavemente de la masa brillante.

Sh-woosh. Se protegieron la cara de los pequeños destellos que giraban en círculos delante de ellos. Los montículos de arena centelleante se retorcían como una pitón gigante, serpenteando y retorciéndose en silencio, de un lado a otro, de arriba abajo, creciendo con cada giro. La delgada franja se hizo más ancha, más larga y más alta y eructó un monstruoso bulto de arena púrpura en el aire. Meowcher y Growler se abrazaron asustados a las piernas de Keely mientras sus ojos seguían la trayectoria del bulto.

Para entonces, la actividad de la playa púrpura también había llamado la atención de los Rogos. En dos parpadeos, la niebla se disipó y ante ellos, en el puente, se alzaba una magnífica criatura: un unicornio púrpura. El único cuerno del unicornio era casi el doble de grande que el de Crea, y la espiral era inusual, con franjas de oro, plata y arcoíris (rosa, amarillo y verde). Su pelaje púrpura brillaba como copos de nieve helada atrapados en el cristal de una ventana en un soleado día de invierno, y al sacudir la cabeza, esquinas romboidales de los destellos salpicaban su camino. Tanto su crin como su cola parecían una cascada de carámbanos plateados. Eran iguales a los de papel de aluminio que la abuela siempre hacía poner a Keely en el árbol de Navidad, de uno en uno, para que no se perdiera nada del espejo. Y después de Navidad, cada carámbano se retiraba con cuidado del árbol, se colocaba recto sobre hojas de periódico, se envolvía y, por último, se doblaba por la mitad para que no quedaran abultados y arrugados. Algunos carámbanos habían estado colgados, doblados y vueltos a colgar durante más Navidades de las que Keely había vivido.

—Gracias, Keely —dijo el unicornio con una reverencia—. Te debo la vida. Te veré pronto, bajo el arcoíris.

—¿Cómo te llamas? Sabes el mío, pero no he oído el tuyo —dijo Keely.

—Oh, me llamo Deseasueños. Escucho los deseos, esperanzas y sueños especiales que envían las estrellas fugaces e intento hacerlos realidad. Sin embargo, fui atrapada por los Wishkers, y cuando Rainbow Simon oyó mi llamada de auxilio, también quedó atrapado. Debo marcharme ahora antes de que los Wishkers me oigan y vengan a atraparme una vez más. No olvides el lugar de nuestro próximo encuentro —con otra sacudida de cabeza y un movimiento de su cola helada, Deseasueños cruzó el puente, desapareciendo en la niebla que bordeaba la cinta dorada.

—¡Oh, no-o-o! —chillaron los Rogos al unísono—. ¡Los Wishkers se van a poner furiosos! ¿Cómo se ha escapado? ¿Le ayudaste, Keely? ¿Cómo salió de las arenas movedizas de la cinta púrpura? No creo que nadie haya escapado nunca de eso.

La respuesta de Keely fue corta y directa, sin arrepentimiento en su voz.—Sí, le ayudé, y lo volvería a hacer sin dudarlo —esta era otra expresión que la abuela solía utilizar cada vez que tomaba una decisión de la que se sentía bastante orgullosa.

—¡Yerogamacha! Si quieres sobrevivir, sugiero que nos demos prisa y crucemos este puente —chilló el nervioso Rogos, en voz lo más alta posible—. Si los Wishkers se enteran de la fuga y de que fueron ustedes los responsables, seguro que intentarán capturarlos a todos y castigarnos a nosotros también. No queremos acabar en las cuevas con el resto de ellos. ¡Yerogamacha! Vámonos.

—Me llaman Deseasueños

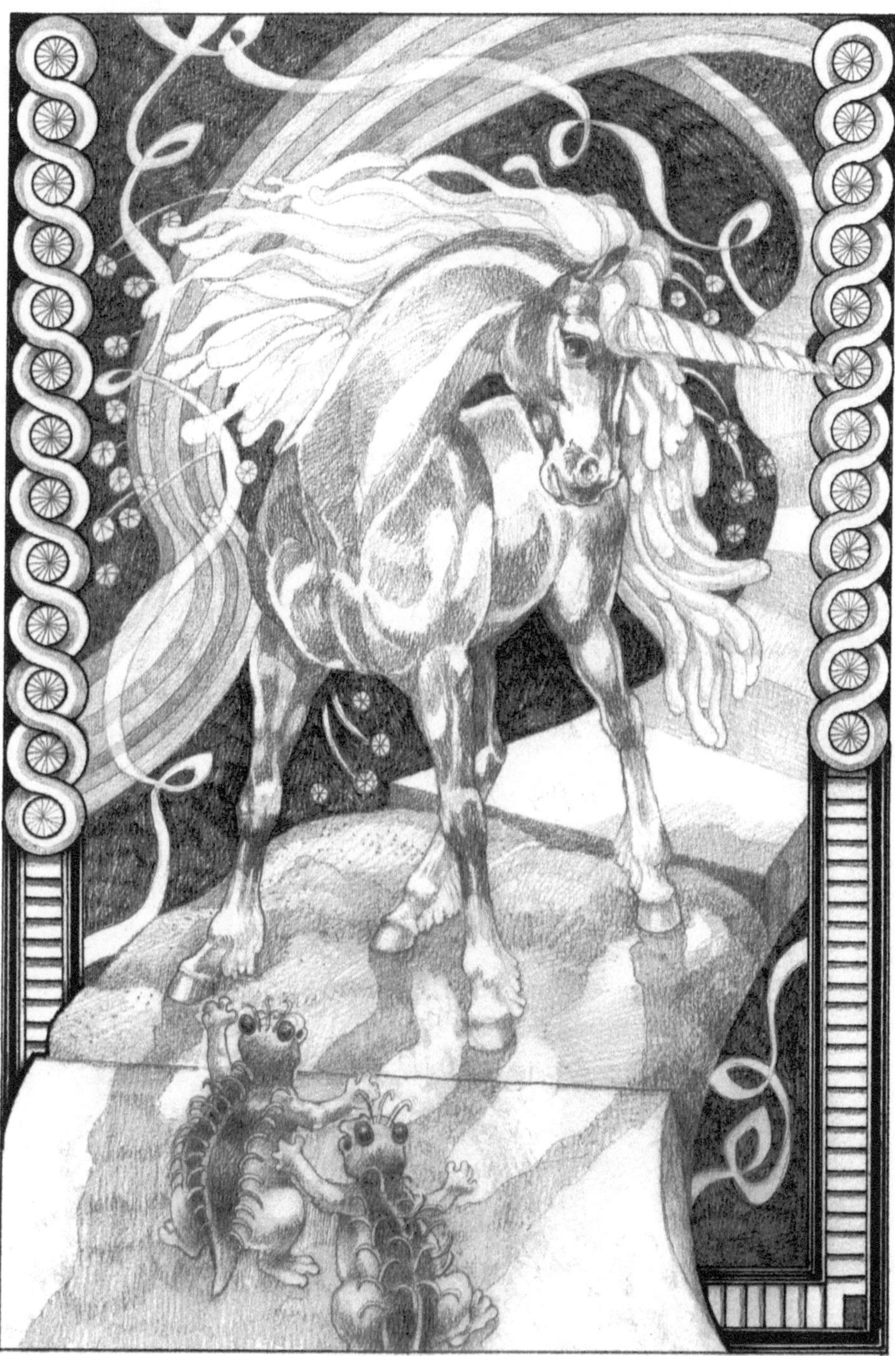

Keely no entendió la palabra la primera vez, pero sí la segunda: "Deprisa".

Keely agarró el asa de Char-i-boat y tiró con fuerza mientras corría por el tablón verde, saltaba por el pequeño hueco entre el tablón verde y el naranja y escuchaba el crujido de las ruedas detrás de ella. Ni siquiera echó un vistazo al líquido verde, pero se detuvo un momento para atisbar el listón naranja. Se atragantó con la sorpresa y se quedó casi congelada de miedo, de ese que te impide latir el corazón hasta que respiras. Empujando contra el puente había una enorme fila de Dragones de Fuego Naranja, y detrás de Keely había un montón de Dragones de Fuego Verde, esforzándose con todas sus fuerzas para romper el vínculo. Las ondulaciones de las espaldas de los dragones de fuego parecían serpientes de fuego de colores, apenas contenidas por el puente. Empezó a crujir en voz alta, los eslabones empezaron a combarse y un sonido retumbante los persiguió desde atrás.

Sin detenerse de nuevo para ver qué era lo que retumbaba, Keely corrió por los tablones anaranjados con una velocidad que no sabía que poseía, arrastrando a Char-i-bote con ella. Meowcher, Growler y los dos Rogos casi salieron rebotando mientras ella se alejaba a toda velocidad del ruido que había a sus espaldas. Una vez que llegaron a la cinta dorada, los tablones brillantes que quedaban empezaron a derretirse mientras ella corría. A cada paso, sus botas de vaquero verdes se hundían más y más en la mugre, y las ruedas de Char-i-boat estaban casi completamente cubiertas de sustancia viscosa.

—Solo un poco más. Por favor, solo un poco más —suplicó Keely.

En ese momento, los dos Rogos saltaron de Char-i-boat; uno fue a la parte delantera para tirar con Keely, y el otro fue a la parte trasera y empezó a empujar furiosamente. A regañadientes, el yuck dorado soltó a Char-i-boat, y todos aceleraron los pocos metros que quedaban hasta el otro extremo de la cinta dorada. En el preciso instante en que sus pies y patas tocaron la arena amarilla brillante, todo el puente desapareció en una oleada de llamas líquidas, y los dragones de fuego rojos, azules, morados, verdes y naranjas estallaron en el cielo simultáneamente. Los Rogos cogieron al instante la alfombra de Char-i-boat y la extendieron sobre las cabezas de todos. A su alrededor llovieron lluvias de brillantes escamas de dragón -moradas, rojas, naranjas, verdes, azules y algunas doradas- que rebotaban sobre la arena amarilla y la alfombra. El chisporroteo y el olor a lana quemada se mezclaban con el espectáculo de luces de otro mundo que los rodeaba. El golpeteo continuó durante lo que parecieron horas, pero, en realidad, solo fueron unos minutos.

—Chico, eso estuvo yarakat-cerca, demasiado yarakat para nosotros. Pero una promesa es una promesa —dijo el Rogos—. Bueno, los hemos traído aquí sanos y salvos. Ahora debemos volver para vigilar a los Dragones de Fuego Rojo. Creemos que se han vuelto un poco salvajes y tardaremos un rato en calmarlos. Además, no queremos estar cerca cuando se encuentren con los Wishkers. Realmente no quieres meterte con ellos, especialmente cuando se unen a un asalto con Dragones de Fuego Dorados. Son mucho más grandes que nosotros y muy poderosos. Pero tienen la alfombra. No he visto uno de esos en más de cincuenta años. La última vez fue cuando un joven anónimo, que nunca ha sido visto desde entonces, luchó contra ellos hasta empatar. La alfombra es muy poderosa, y se desconoce toda su fuerza. Úsenla contra ellos y para protegerse —sin más conversación, se volvieron hacia atrás, giraron sus brazos peludos una vez más en tándem, pronunciaron juntos unas cuantas palabras desconocidas y confusas más, y pasaron girando junto al trío, que ahora permanecía en silencio junto a Char-i-boat. Observaron cómo los Rogos patinaban por encima de las cintas de fuego, hundiéndose bajo la superficie justo cuando llegaban al borde del líquido rojo, su hogar.

Capítulo Dieciséis

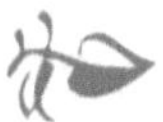

Alfombra Mágica

Keely exhaló un suspiro de alivio junto con Meowcher y Growler y calmó sus pensamientos antes de hablar.—Ha sido toda una aventura. ¿Están bien?

—Supongo que sí, pero todavía me castañetean los dientes. No estoy seguro de si mi tartamudeo es por el frío o por el miedo —dijo Meowcher, temblando.

—Yo también. Mira la alfombra —dijo Growler—. Hay varios lugares donde las escamas de dragón casi se queman. Pero fíjate en el centro: hay montones de ellas, ya sin fuego, pegadas en ese círculo interior grabado en la alfombra como si estuvieran atrapadas en una tela de araña. Hmm. ¿Saben qué? Toda la alfombra parece una tela de araña. ¿Ves la forma en que los círculos están conectados entre sí, cada uno más pequeño que el siguiente, con una pantalla muy delicada, parecida a un hilo, en el fondo para evitar que las escamas del dragón se quemen hasta el fondo? Me pregunto qué se supone que debe atrapar. Esto es increíble, Keely. ¿De dónde ha salido? —Growler se aclaró la garganta con una tos grave.

—Es una pregunta interesante —respondió Keely—. Lo encontré en el desván, en un viejo baúl de mi abuelo. Siempre pensé que era de sus aventuras en Arabia Saudí cuando era joven, antes incluso de casarse con mi abuela. Pero fíjate en la arena roja que he recogido. Cada vez se parece más a la que el abuelo ponía en el gran reloj de arena de casa. Brilla de la misma manera, incluso con muy poca luz, como la que tenemos ahora. En varias ocasiones me dijo que era de las dunas rojas del Desierto Perdido de Arabia Saudí. Pero siempre tenía un brillo en los ojos cuando hablaba de ello, diciendo que nadie más encontraría nunca la misma arena porque estaba en un lugar más allá de los límites del cielo y del mundo. Como Arabia Saudí está al otro lado de la Tierra que los Apalaches, pensé que se refería a eso. Pero ahora tengo mis dudas, sobre todo porque esta alfombra tiene poderes especiales: nos salvó de los dragones de fuego y quién sabe de dónde vino realmente o cómo puede ayudarnos en el futuro. Menos mal que los Rogos sabían lo que era y cómo usarla.

—Tienes razón, Keely —maulló Meowcher—. Y quizá sería buena idea quitar las escamas de dragón atrapadas en la alfombra. Nunca se sabe si serán útiles o no. Me gusta cómo brillan. Son tan bonitas como los sauces —para Meowcher, un matorral de sauces era lo más parecido a las eneas.

—Buena idea. Growler extendió la mano hacia adelante, tratando de desenterrar el montón de escamas incrustadas—. ¡Grr-ouch! Tengan cuidado. Estas cosas son más afiladas que las navajas. No toquen sus bordes.

Después de varios minutos, el equipo logró recuperar las

escamas atrapadas.—Veamos. ¿Dónde ponerlas? —dijo Keely—. ¿Qué tal en el tarro de Kool-Aid? Primero, terminemos de beber el poco que queda. Creo que el tarro es el lugar perfecto para guardar los trozos de dragón —tras tragar las últimas gotas del líquido con sabor a cereza, dejaron caer las escamas, una a una, en el tarro y enroscaron bien la tapa. Luego colocaron el frasco con cuidado en su fiel Red Chariot.

Después, levantaron la vista y vieron los bostezos del otro. *Estoy agotado,* pensaron al unísono.

—Busquemos un lugar donde dormir antes de emprender nuestro viaje hasta el final de la cinta dorada —dijo Keely—. Parece que puede haber un lugar suave para establecerse en el borde de las arenas amarillas. Vámonos.

Keely condujo al grupo hasta el borde y descubrió un colchón de nubes plateadas que se extendía fuera de la zona de arcoíris. Estaba rodeado de lo que parecían ser setas. Sin embargo, Keely se agachó para examinar los hongos más de cerca y descubrió que eran flores con forma de seta. A la luz tenue y mortecina, las flores de los hongos brillaban con fuego propio, palpitando lentamente, como si respiraran. Keely empezó a coger una, pero decidió no hacerlo y la acarició.—Son tan suaves al tacto, casi como plumas —dijo. Mientras seguía acariciando la florecilla, ésta se hinchó bajo su mano, mostrando un manto de pétalos. Arrodillada sobre el cojín de plata, enterró la cara en la flor y respiró profundamente, tal como la abuela le había enseñado a hacer. Los ojos de Keely se cerraron suavemente al dejarse invadir por aromas variados: capas de pétalos de frangipani rodeando otras de sándalo, luego gardenia y, en el centro, los pétalos más delicados de todos: pequeñas perlas blancas de jazmín. Bañando su sonrisa, su nariz y sus oídos en el aroma, Keely volvió a abrir los ojos. Oyó una voz suave y silenciosa, la misma que le había dicho que buscara una cura para Crea, que encontrara el oro del arcoíris. Esta vez la guió para que recogiera las flores y las llevara de viaje.

Aunque no podía identificar la voz de su cabeza, Keely sabía que debía confiar en ella. *Apuesto a que tiene algo que ver con ese don mío de los tobillos del que no paraba de hablar la abuela*, pensó Keely. A veces la voz sonaba igual que la de la abuela, otras como un susurro de arcoíris, y en ocasiones hablaba un dialecto misterioso que ella solo podía sentir; no podía descifrar las palabras. En esos momentos, Keely cerraba los ojos, sentía el mensaje y sabía qué hacer. Utilizó la misma técnica que Mariah le había enseñado para descifrar palabras, laberintos o fracciones complejas. Funcionaba tanto con mensajes desconocidos como con dialectos y voces inusuales de animales o monstruos, como había descubierto con los Rogos. Y lo que es más importante, calmaba sus miedos.

—Lo haré —respiró Keely. Lentamente, recogió tres muestras aún enmohecidas y colocó una en el Red Chariot, que en ese momento estaba liberado de las tareas del barco Char-i-boat. Se guardó las otras dos en un bolsillo trasero para poder disfrutar del olor.

Keely dejó de dudar de los mensajes que nadie más podía oír, y su confianza se reforzaba cada día. Se dio cuenta de que su sentido de la tobera era el responsable de algunos de esos empujoncitos que la impulsaban a actuar en cosas que ya quería hacer, pero que no confiaba en poder llevar a cabo. Cada vez que Keely tenía dudas momentáneas o el miedo interfería en sus decisiones, la voz de Abuelita resonaba en su mente: *No pasa nada. Puedes hacerlo. Créetelo.* Keely acalló sus miedos primero y luego ayudó a Meowcher y Growler en sus momentos de miedo.

Se instalaron para pasar la noche, y la nube plateada se convirtió en una almohada increíblemente suave sobre la que dormir y soñar. Una vez que su nido estuvo listo, Keely decidió tirar de la alfombra encima de ellos para protegerse del frío que se arrastraba como una niebla por toda la zona bañada por la lluvia. Metiendo bien las esquinas para que cada centímetro de sus cuerpos quedara cubierto, se acurrucaron juntos con Keely en el centro y Growler y Meowcher a cada lado.—No se preocupen, equipo. Vamos a estar bien. No hay nada de qué preocuparse esta noche —animó Keely. Las palabras eran tanto para su beneficio como para el de ellos.

El sueño llegó rápidamente, a los pocos instantes de cerrar los ojos. Sus sueños estaban llenos de tranquilizadoras canciones de cuna y recuerdos de vuelos y risas con Crea, mezclados con breves instantáneas de pesadillas. Tormentas de granizo con cara de monstruo, torbellinos que chupaban estrellas y vientos que tragaban truenos se abatían sobre ellos y hacían llover torrentes de lágrimas de fuego.

Eran ajenos a los terrores de la noche que les rodeaba. Mientras dormían profundamente a través de las ondas y luego las olas de los ataques de los Wishkers y los Dragones de Fuego Dorados, la red cazadragones los mantenía a salvo. Con el amanecer, la sonrisa del sol evaporó la niebla, las cintas arcoíris brillaron y palpitaron con un ritmo diferente, y el sol de rayas naranjas y azules se dejó caer en el horizonte.

Unas astillas de luz se asomaron a través de los desgastados puntos de su cazadragones, haciendo que las somnolientas cabezas se agitaran.

Bostezando juntas, Keely estiró los brazos en el aire, y tanto Meowcher como Growler arquearon las espaldas, saludando con las colas, pavoneándose con las piernas rígidas durante unos pasos hasta que sus cuerpos volvieron a pertenecer al mundo despierto.—Creo que ha sido la mejor noche de sueño que he tenido en mucho tiempo. Me siento tan relajada y extrañamente feliz —comentó Keely.

—Miau también —ronroneó Meowcher.

—Y yo también —comentó Growler. La profundidad de su voz resonó en el silencio de la mañana—. Pero no me importaría sacar algo de esa comida. *Tengo hambre.*

La tripulación se acercó al Red Chariot y se fijó en la alfombra por primera vez desde que se la habían quitado de encima al levantarse. Estaba completamente cubierta de escamas doradas de dragón, atrapadas firmemente en la red de la alfombra. Unos pocos puntos estaban totalmente raídos, con la luz asomando a través de ellos.

—Muy extraño —dijo Keely—. Anoche no oí nada. ¿Alguno de ustedes se despertó? Debió de ser un ataque feroz, a juzgar por el número de escamas que hay aquí. Gracias al cielo por nuestra telaraña atrapa dragones.

—Yo tampoco escuché nada —respondió Growler—. Me da un poco de escalofríos pensar en ello, sin embargo. Es increíble. Recojamos también estas escamas y añadámoslas a la colección del tarro de Kool-Aid.

Separaron con cuidado las escamas de dragón de la telaraña de la alfombra y las metieron en el tarro con las demás.—¿Te parecen más grandes, pesadas y afiladas que las verdes, rojas, moradas, azules o naranjas? —preguntó Keely—. Dan un poco de miedo, pero no solo estamos todos bien, también nos sentimos súper.

Después de volver a colocar con cuidado el tarro en el Red Chariot, Keely sacó un poco de atún para Meowcher, huesos para Growler y un sándwich de mantequilla de cacahuete para ella.—Es hora de comer. Tengo una idea sobre cómo conseguirnos algo de beber ya que nuestro Kool-Aid se ha acabado.

Keely se acercó al borde de la nube de plata, arrancó un trozo grande y se lo llevó con cuidado a Red Chariot.—Pásame un par de recipientes, por favor —dijo—. Veamos si esto funciona.

Meowcher llevó una taza y dos platillos, en equilibrio sobre su cabeza.—Aquí tienen —colocándolos en el suelo, Keely apretó suavemente la nube sobre las tres piezas. Lentamente, la nube empezó a llover, llenando los platillos y la taza con el agua más limpia y fresca de los cielos más altos. Dispuso el resto del trozo de nube en el Red Chariot, agrupándolo alrededor de la jarra casi llena de escamas de dragón.

Ahora, con los estómagos llenos y la sed saciada, el equipo de rescate estaba listo para buscar a Deseasueños en la caverna bajo el arcoíris. Evitando la cinta dorada por el momento, se dirigieron hacia el este, viajando lo más rápido posible a lo largo de la estrecha franja de arena amarilla. El frasco lleno de escamas de dragón traqueteó ruidosamente mientras el Red Chariot avanzaba a trompicones, con Keely tirando del asa. Meowcher y Growler tomaron sus posiciones de guardia flanqueando el desgastado carro, con las colas en posición de firmes y las orejas erguidas. La abuela solía decirle a Keely que mantuviera las orejas levantadas cuando quería que prestara atención a algo importante. Las cuatro orejas estaban erguidas, sin caídas, atentas a cualquier sonido; sin duda, alerta a la manera de pensar de Keely. Al cabo de varios minutos, llegaron al borde de la zona arbolada y miraron por encima de una cascada multicolor que parecía un acantilado, observando cómo las cintas fluían hacia un pozo negro sin fin en el cielo.

—Hmm. ¿Cómo demonios podemos bajar por ahí? —dijo Keely—. Volar está descartado, todavía no sé por qué. No creo que quiera intentar cabalgar sobre el borde en Char-i-bote, especialmente desde que estamos en territorio de los Wishkers y los Dragones de Fuego Dorado. Si saltamos a la corriente, no estoy seguro de que podamos detenernos y salir de la cinta una vez que empecemos a bajar, ni de qué criaturas pueden estar acechando en la corriente subterránea, esperando para agarrarnos. Debemos pasar por debajo del arcoíris y echar un vistazo a la cámara de cuevas, pero no tengo ni idea de dónde se encuentra la entrada ni qué aspecto tiene. Podría estar a la mitad de este tobogán, en el fondo, o en otro lugar. ¿Alguno de ustedes tiene alguna idea? —preguntó Keely.

—Bueno —dijo Growler—, parece que hay una pequeña cantidad de arena pegada a lo largo del borde mismo de la cinta. Brilla como si estuviera congelada o cubierta de hielo. A pocos centímetros de ahí, la cinta fluye muy rápido. No hay espacio suficiente para arrastrar el Red Chariot a lo largo de la delgada franja, pero tal vez podríamos bajarlo con la cuerda y luego tratar de bajar sin caer en la cinta. No estoy seguro de que podamos hacerlo, ya que es muy empinado y el borde es muy estrecho; podríamos empezar a resbalar y deslizarnos hacia el líquido o, peor aún, hacia la inmensa negrura. No hay nada a lo que agarrarse, ni piedras ni rocas. Lástima que aún no podamos volar. Si tuviéramos material de escalada, podríamos usar algunos de esos pinchos metálicos para bajar por la pared de hielo.

—Oh, ya sé de lo que estás hablando —dijo Keely—. Son pitones. Leímos *Heidi* en la escuela, y el hermano de mi profesor, escalador de rocas y montañas, vino y nos enseñó sus cosas. Después de eso, *pitón* era una palabra de ortografía que Mariah me ayudó a aprender. Se supone que hay que clavarlos en la roca o en el hielo y pasar una cuerda por una especie de ojal para poder deslizarse por el cable montaña arriba o montaña abajo. Tenemos cuerda y un pequeño martillo, pero ¿qué podemos usar para los pinchos?

Los rescatadores miraron al Red Chariot, concentrándose en silencio en el problema que tenían entre manos, centrando y paralelizando sus pensamientos en el frasco de escamas de dragón.—Estas son lo suficientemente afiladas y ciertamente fuertes para pinchos, pero no tienen agujero —dijo Keely—. Y no se me ocurre cómo atar la cuerda. Hmm. Tal vez no tengamos que sujetar la cuerda. Si conseguimos que las escamas penetren lo suficiente en el hielo, podremos hacer escalones. Una vez que tenga uno en su lugar, puedo bajar y clavar tol siguiente, bajar un escalón, clavar el tercero, y así sucesivamente hasta que lleguemos al fondo. Las escamas de dragón doradas son lo bastante grandes como para que pueda ponerme de pie sobre ellas, pero las moradas y rojas no. ¿Qué te parece?

—De acuerdo —dijo Growler—, vale la pena intentarlo. Y si bajamos el Red Chariot con la cuerda, puedo sentarme en la parte de atrás e intentar clavar algunas de estas escamas de dragón en el hielo mientras desciendo. Mis dientes son bastante fuertes, y si las escamas están afiladas, tal vez pueda clavarlas lo suficientemente profundo de esa manera. Entonces puedes seguir por las escaleras con Meowcher.

—Bien, y yo me posaré en sus hombros —dijo Meowcher.

—Me parece un buen plan. Hagámoslo —dijo Keely—. Tenemos que probar una escala de oro primero para ver si esto va a funcionar, para ver si la escala es lo suficientemente fuerte. No quiero llegar hasta la mitad y quedarme atascada. Alcanzaré el borde y clavaré la primera escama de dragón. Luego ataré la cuerda a mi alrededor, y tú y Meowcher pueden agarrarse a la cuerda, junto con Red Chariot, para anclarme. Me subiré a la escama y saltaré arriba y abajo para ver si aguanta. Si no lo hace, entonces la cuerda me atrapará, y ustedes pueden tirar de mí hacia arriba. Pondré a Growler de nuevo en su arnés, y Meowcher puede añadir su peso en la parte trasera del Red Chariot; esperemos que eso sea suficiente equilibrio. No quiero caerme y arrastraros a los dos conmigo a la oscuridad. Sería mucho mejor si tuviéramos algún árbol o algo para envolver la cuerda. Lástima que Will no esté aquí. No hay nada cerca del labio que podamos usar para anclar la cuerda.

Keely empezó a clavar la puntera de su rozada bota de vaquero verde en el barro dorado. Una vez más, el aliento de la brisa le susurró:—Planta una flor en la arena, riégala y mira cómo crece —Keely no lo dudó y siguió las instrucciones al pie de la letra.

Surgieron las noticias:—Hola, chicos. Tengo una pista. Necesito una de esas flores que recogí. Tenemos que plantarla —Meowcher cogió la flor del Red Chariot con la boca y se la llevó a Keely. Growler ya había empezado a cavar a unos metros del borde de la cinta dorada. Le llevó solo un par de minutos hacer un agujero lo suficientemente profundo. Meowcher escupió la flor, y todos recogieron y echaron la arena encima, enterrándola. Keely dio un ligero pisotón en la tierra y luego trajo el trozo restante de nube plateada y lo escurrió suavemente sobre el lugar recién cubierto. Mientras miraban, la nube empezó a salpicar primero con unas pocas gotas y luego a borbotones, empapando el suelo alrededor de la flor enterrada. El agua corría en riachuelos hacia la cinta de oro—. Creo que es suficiente agua. Veamos qué ocurre. Me siento como Jack esperando a que crezca un tallo de judía —dijo Keely mientras volvía a colocar el trozo de nube empapada en el Red Chariot.

Incluso mientras hablaba, algo empezó a asomar por el barro; era duro y blanco y tenía espirales salpicadas de oro-desconocido, pero conocido.—Ahh —jadearon todos juntos, reconociendo que lo que se alzaba ante ellos en la arena, llegando hasta la cintura de Keely, era el cuerno de un unicornio, su ancla.

Capítulo Diecisiete

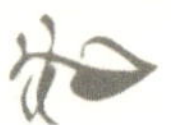

Batalla Bajo el Arcoíris

Keely ató rápidamente la cuerda alrededor de los dos nudillos inferiores y se tomó un momento para pasar las manos por las crestas hasta la punta, murmurando en voz baja.—Que te mejores, Crea. Te queremos. Ya vamos —dijo, y añadió en voz aún más baja—: Puedo hacerlo. Sé que puedo. Puedo hacerlo. Tengo que hacerlo.

Después de asegurar la cuerda alrededor del cuerno, hizo un lazo alrededor de sí misma, tal como el hermano de la señorita Sponheimer les había enseñado en clase, con el nudo salvavidas especial. Era el mismo que su profesor dijo que Keely nunca dominaría porque era demasiado complicado, el que Darrell Foster hizo con doble nudo cuando ató su bicicleta al asta de la bandera de la escuela antes de dejar salir el aire de ambos neumáticos. Keely tardó tres días en desatar su bicicleta aquella vez y, después de llegar a casa, los pinchazos permanecieron hasta la reciente visita de su tío.

—Estoy lista, chicos —dijo Keely. Deslizándose sobre los

viejos guantes de cuero del tío Don, agarró el martillo en una mano y una gran escama de dragón dorada en la otra—. Menos mal que he traído este par de guantes. Me protegerán de las escamas y de cualquier otra cosa que toque —Keely respiró hondo un par de veces e hizo su truco mental de los diez segundos para despejar sus miedos—. Vamos a hacerlo —murmuró para sí misma, sin que sus compañeras la oyeran.

En primer lugar, se tumbó boca abajo, con la cabeza y los brazos colgando sobre el borde del desnivel. A continuación, Keely bajó todo lo que pudo, sujetó con cuidado la escama dorada de dragón contra la estrecha y helada corteza y la golpeó con todas sus fuerzas. La escama de dragón parecía saber qué hacer. Penetró con facilidad en la corteza helada y se quedó allí, como un auténtico escalón. Keely intentó moverla de un lado a otro para ver si podía hacer palanca y soltarla, pero la escama se quedó pegada como si fuera un bache eterno en una montaña.

—Muy bien. Ahora es el momento de probarla contra mi peso. Si se rompe, nuestra nueva ancla sostendrá la cuerda, y Meowcher y Growler no estarán en peligro. Solo tengo que tirar de mí misma hacia el borde —Keely sonrió débilmente mientras bajaba lentamente al escalón—. Vale, hasta aquí todo bien. Ahora a practicar un poco el salto —saltó una vez, dos veces, y luego con toda su fuerza la tercera vez, y el escalón de escamas de dragón aguantó. Ni siquiera se movió bajo la tensión. Keely empezó a saltar sobre él con un pie y luego con el otro—. ¡Yupi! Esto funciona —dijo—. Va a ser genial. Vamos a hacerlo.

—Growler —dijo—, por favor, salta al Red Chariot, y yo empezaré a bajarte. No te hagas daño en la boca intentando clavar las escamas. Si las pones en marcha, podré golpearlas con el martillo antes de pisarlas. Puede que nos lleve un poco más de tiempo, pero esta forma debería ser la mejor para todos. Si los escalones acaban siendo lo bastante anchos para que me arrodille, puedo arrodillarme, acercarme y golpearlos.

Keely aseguró un extremo de la cuerda alrededor del Red Chariot y envolvió el otro extremo firmemente alrededor del cuerno.—Trata de poner un escalón cada pie más o menos; tenemos un montón de escamas de dragón para usar, y entonces no tendré que inclinarme mucho para terminar de golpearlas en la corteza —dicho esto, empezó a bajar a Growler y a Red Chariot por el acantilado, deteniéndose unos treinta centímetros por debajo del primer escalón—. Tu turno, Growler. Adelante.

Agarrando cautelosamente una escama de dragón con la boca, Growler se puso en pie y ladeó la cabeza, apuntando con la mandíbula al objetivo.

¡Pum!

Uy, se le escapó un pensamiento a Growler, *había olvidado soltarlo*. Todavía mordisqueando ferozmente la escama de dragón, con los labios curvados en una mueca de desprecio, Growler se encontró colgando del escalón más nuevo. Finalmente, soltó los dientes, relajó las mandíbulas y se dejó caer con un ruido sordo sobre Red Chariot.—No está mal, si lo digo yo —dijo—. Se ve muy bien, Keely. Esa escama se ha cortado en el hielo como si fuera mantequilla y parece estar bien sujeta. Puede que no necesites martillarlas mucho. Más abajo. Estoy listo para el siguiente paso.

Keely y Meowcher observaron desde el borde y continuaron bajando Red Chariot y Growler un pie cada vez. Cada vez, esperaban el pow antes de volver a soltar la cuerda. Después de solo cinco pasos, Keely y Meowcher ya no podían ver a Growler ni a Growler. Ambos habían desaparecido totalmente en la niebla cada vez más espesa, gris oscura y amenazadora que cubría el vacío. La niebla había surgido de la nada y palpitaba con una misteriosa vida propia, atiborrada de algún tipo de fluido negro y anaranjado. Pero Keely y Meowcher no lograron identificar el peligro.

El polvo de las escamas de dragón penetrando en la corteza helada era su única pista de que Growler seguía avanzando. De vez en cuando, Keely comprobaba que el cuerno de unicornio estuviera firmemente anclado en la arena, y así era. El cuerno había empezado a brillar casi al segundo de enrollar la cuerda a su alrededor y seguía brillando sin cesar a medida que avanzaba el trabajo. Parecía como si una vela palpitara en su interior, con una llama que nunca parpadeaba. En el vigésimo noveno peldaño, la cuerda se sacudió rápidamente. Growler envió una ráfaga de pensamientos, uno encima de otro.

Hey, Keely y Meowcher, aquí hay un gran saliente. Ni siquiera tengo que dar más pasos. Debe tener al menos tres pies de ancho, y-hmm, algo se esconde detrás de la cornisa. Si aparto un poco este musgo púrpura que huele a pescado muerto y a col podrida... qué asco. Odio este hedor. Mi olfato está probablemente arruinado para el día. Oh, rrrayos . Resbalé en una especie de baba de limo y me estoy deslizando hacia - parece la entrada a una enorme caverna con un sendero que conduce detrás de la cascada de cintas de oro y por debajo del río Arcoíris. Tal vez esta sea la ruta hacia debajo del arcoíris. ¿Debería....? La pregunta quedó en el aire.

Ni siquiera llegó a terminar ese pensamiento antes de

que Keely y Meowcher le enviaran sus pensamientos juntos: *No te muevas sin nosotros. Bajaremos enseguida. Espéranos.*

—Vamos, Meowcher —dijo Keely—. Será mejor que nos demos prisa; desde luego no quiero que Growler ande solo y se pierda. Súbete a mi hombro, por favor. Cogeré el martillo —ninguno de los dos se dio cuenta de que la pesada niebla cargada de vapor se desplazaba por todos y cada uno de los escalones, siendo absorbida, drenada y despojada de su carga maligna por la escalera de escamas. Meowcher y Keely empezaron a bajar por lo que ahora se parecía mucho al lomo de un dragón vivo de verdad. Sin arriesgarse, Keely se detuvo en cada escama, se inclinó y clavó firmemente la siguiente antes de seguir adelante. Meowcher se encaramó al hombro de Keely, pero se pasó a la espalda de ésta cuando empezó a martillear, y luego volvió a su hombro cuando estuvieron listas para probar el siguiente paso. Fue durante uno de estos momentos sentada a la espalda de Keely cuando Meowcher miró detrás de ellas, hacia los escalones que acababan de recorrer. Aunque la niebla se había reducido, seguía siendo espesa e impedía ver más allá de cinco escalones. Meowcher lo sintió primero; su pelaje se erizó en la nuca y un silbido de miedo se deslizó entre sus bigotes. Una onda de luz brillante, que comenzó en algún lugar cerca del borde superior, se abrió paso a través de la niebla, moviéndose lenta y sensualmente hacia ellos, como una serpiente en busca de su presa.

—Um, er, Keely, es mejor darse prisa. Algo terrible viene a por nosotros. Y no tiene buena pinta. Tómate un momento, se va a poner aterrador.

—¡Caray! —dijo Keely, mirando fijamente la escalinata

espeluznante, con los ojos llenos de terror al ver que la niebla seguía alimentando cada escalón, como una tigresa amamanta a sus crías, y al ver la transformación de las escamas en algo vivo—. Tienes razón. No puedo creerlo, pero parece que estamos creando el mayor Dragón de Fuego Dorado de la historia, y está creciendo con cada escama que plantamos. La niebla está alimentando las escamas. Es la columna vertebral de la criatura, dándole vida. Sea lo que sea, nos alcanzará pronto. No sé dónde está la cabeza, y no quiero averiguarlo. Vamos a saltar de una escala a otra, sin más martillazos. Con suerte nos retendrán —con ese último pensamiento, Keely cogió a Meowcher en brazos y bajó ágilmente de un salto por las escalas restantes, aterrizando con un ruido sordo en el estante que Growler había descubierto. Red Chariot seguía en ella, pero Growler no aparecía por ninguna parte. Sin embargo, cerca del borde, encontraron las huellas de sus patas que conducían a través de la cortina de musgo maloliente y viscoso, extendiéndose por detrás de la cascada de cintas doradas, hasta la entrada oculta de la cámara de cuevas, y continuando por un sendero—. Le dijimos que se quedara aquí y nos esperara, ese bribón —dijo Keely—. Salta al Red Chariot, Meowcher, y yo tiraré de él mientras buscamos a Growler —Keely se quitó los enormes guantes y los arrojó a la parte trasera del carro para poder agarrar mejor el asa.

—¿Qué pasa con esa cosa dragón en nuestra cola? —dijo Meowcher—. ¿No nos atacará en cuanto llegue, a menos que hagamos algo? Apuesto a que llegará en cualquier momento.

—Tienes razón —dijo Keely—. ¿Qué podemos hacer para ponerlo fuera de nuestro rastro? Si realmente es un Dragón de Fuego Dorado, tenemos mucho de qué preocuparnos. ¿Y qué pasa con los Wishkers? ¿Dónde están? Son los guardianes de los Dragones de Fuego Dorado y probablemente no estén muy lejos. Si nos atrapan, el Dragón de Fuego Dorado será la menor de nuestras preocupaciones, y también podríamos acabar encerrados en algún pozo.

Primero, el plan viajó en su sentido de la tobera, deslizándose en la mente de Keely, cociéndose a fuego lento y tomando forma, antes de ser soltado en una ráfaga de direcciones rápidas.—Ya sé qué hacer —empezó—. ¿Qué tal si colgamos nuestra alfombra atrapa dragones en la entrada de este lugar? Creo que es lo suficientemente grande como para cubrir toda la abertura, y tal vez eso impida que nos encuentren, o al menos retrase la batalla —ella continuó—: Meowcher, busca rasgaduras en las esquinas de la alfombra. Podemos enganchar los agujeros sobre cualquier piedra pequeña, puntiaguda y con clavos —tardó unos minutos en llevar a cabo las órdenes que revoloteaban por su cabeza. Meowcher encontró rasgaduras en las cuatro esquinas y luego localizó rocas afiladas y delgadas en las que engancharlas. Keely golpeó la alfombra con el puño tan fuerte como pudo; estaba firmemente sujeta. Apenas terminaron, un fuego ondulante rebotó contra la alfombra con tal ferocidad que Keely y Meowcher pensaron que todo se estaba haciendo trizas.

—¡Funciona! Está conteniendo al dragón de fuego —gritaron Keely y Meowcher a la vez. Pero hablaron demasiado pronto. El dragón de fuego dorado retrocedió para reunir fuerzas. Los Wishkers, ocultos hasta ahora, estaban ocupados presionando sus repulsivas formas contra las curvas del dragón, armándose para la batalla final. Inhalaron profundamente y exhalaron alientos sobre las escamas, disparando sus múltiples brazos, garfios y cuerpos deformes sobre el deslizador fundido y sellando su destino con el que solían custodiar. Momentos después, el Dragón de Fuego Dorado que se acercaba se preparó para terminar el asalto que había comenzado. Primero, sin embargo, enroscó todas sus espirales con fuerza y sumergió un extremo de su cola en la cinta de oro, absorbiendo la energía de mil estrellas, drenando el brillo de las que habían caído y habían sido atrapadas y almacenadas en el Río Arcoíris. Cuando la cola emergió serpenteante del líquido de la cinta, el brillo y la intensidad de la bola de fuego que ahora se encontraba al otro lado de este trozo de alfombra desgarrada se encendieron con furia. Era la cabeza del Dragón de Fuego Dorado; zarcillos de un hirviente infierno de fuego se retorcían desde su boca, ojos y escamas, abrasando la alfombra desde la distancia. De sus escamas rezumaban gotas de baba al respirar. Empezó a oírse un estruendo, primero a lo lejos, como el de un terremoto en un planeta lejano, que se acercaba cada vez más. Los tremendos chillidos aumentaron a medida que la cabeza de la bola de fuego palpitaba, duplicando y triplicando su tamaño al engullir las estrellas de la cinta. Las espirales del dragón brillaron y todos sus músculos se tensaron mientras levantaba la cabeza, alejándose de la entrada y preparándose para atacar.

Keely sintió los pensamientos del monstruo acercándose y tembló de miedo, reteniendo los pensamientos en su interior para proteger a su compañera: *Vamos a por ti, Keely Tucker. Sabemos quién eres y vamos a destruirte a ti y a tus sueños.*

El Dragón de Fuego Dorado levanta la
cabeza preparándose para atacar.

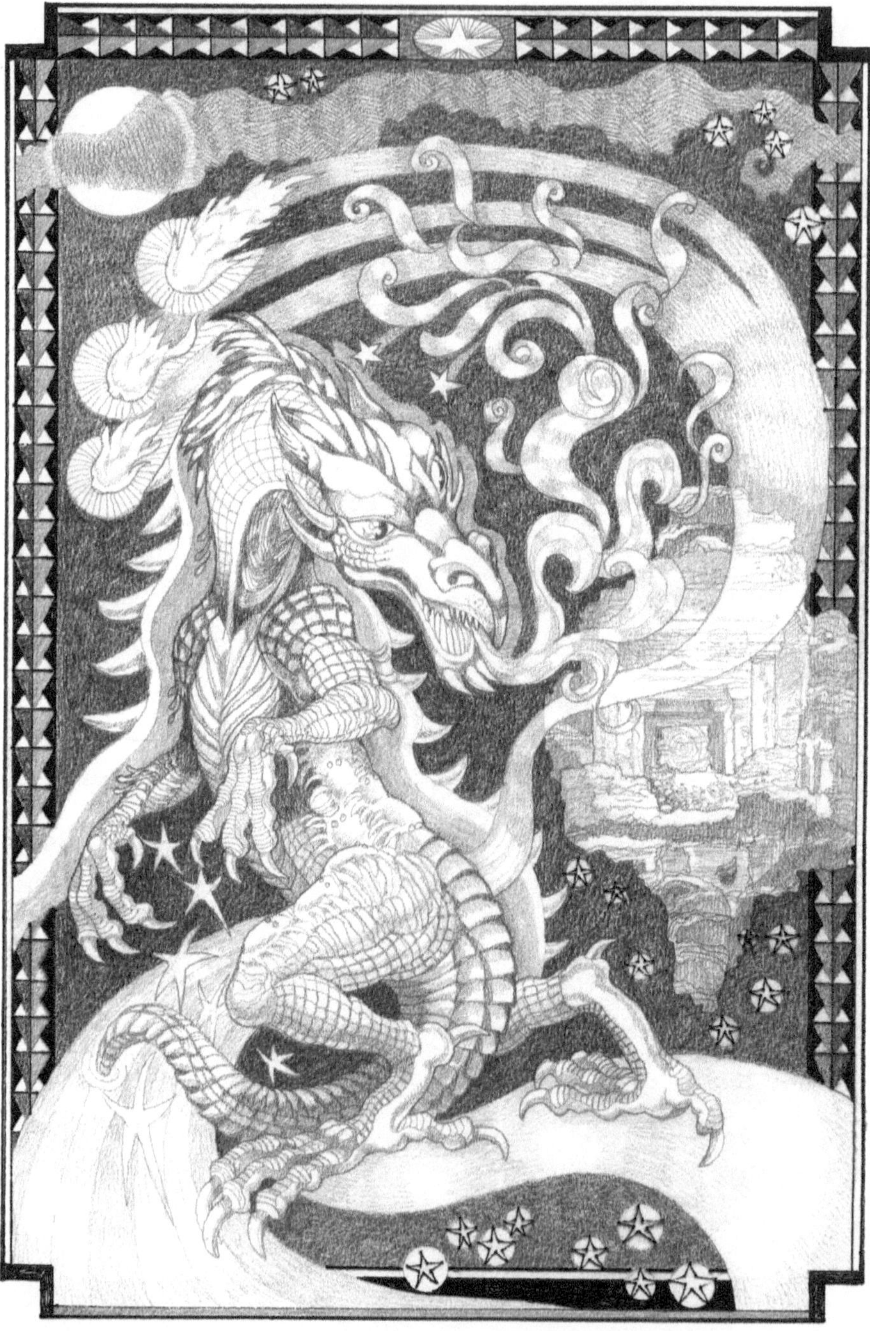

Sin detenerse, Meowcher y Keely aceleraron hacia el interior de su escondite, arrastrando a Red Chariot con ellas. El miedo y el peligro alimentaban sus patas y pies, la muerte inminente punzaba sus nucas y un extraño silencio se cernía sobre ellos. Dos mentes concentradas solo en lo que tenían delante, no detrás. Si hubieran mirado hacia atrás, hacia donde había comenzado su huida, habrían quedado atrapados, congelados por el miedo, del tipo que hace sudar en una ventisca fulminante o te obliga a despertar en un sueño de terror a medianoche. La alfombra atrapa dragones se estaba transformando, emanaba poder e irradiaba peligro. En un chasquido de dedos, se volvió a tejer, sin dejar espacios en la red: toda la suavidad había desaparecido. Los nuevos hilos eran de un metal extraño, una especie de armadura. Ya no era solo un escudo, un protector; era el cazador esperando a su presa. Era una trampa. Y la trampa estaba preparada.

¡Ka-boom! ¡Boom! ¡Ka-boom! La fuerza del impacto envió ondas de choque que reverberaron en lo más profundo de la cueva, haciéndose eco de la destrucción, seguidas de sonidos de vientos suspirando colgados de un susurro. En ese susurro, el cielo se movió ligeramente; el dedo del cielo bajó y en ese primer toque hizo que el cielo de arcoíris se sonrojara. La alfombra atrapa dragones no solo impidió que entrara el Dragón de Fuego Dorado; el poder era tan explosivo que había destrozado la cabeza y el cuerpo enroscado del dragón, haciendo rebotar los pedazos en el cielo oscurecido y creando miles de nuevas estrellas para enjoyar el universo.

Si se miraba de cerca, se podía distinguir la forma de la espalda del dragón, de la que brotaban los brazos destrozados del Wishker, que ahora yacían junto al cinturón de Orión. El resto de las nuevas estrellas se reunieron en colas de cometa formando cúmulos triangulares e iluminaron la cara oculta de la Luna.

Capítulo Dieciocho

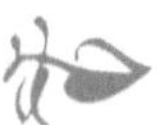

Atrapados

Meowcher y Keely oyeron la explosión sísmica, pero la onda quedó parcialmente amortiguada porque ahora estaban en lo más profundo de la cueva. La explosión siguió sacudiendo las paredes durante varios segundos, y Keely y Meowcher se detuvieron un momento para mirar detrás de ellos.—Uf —dijo Meowcher—. No sé tú, Keely, pero yo ya no siento el aliento de ese dragón en el cuello —exhaló un suspiro de alivio al unísono con Keely. Sin embargo, seguía sin haber señales de Growler, y Keely estaba preocupada.

Continuaron a un paso mucho más lento, más preocupadas por el paradero de Growler que por el de los dragones de fuego. Los lados de la cueva cambiaron gradualmente de color a un verde brillante, salpicado de manchas amarillo púrpura. Keely alargó la mano y tocó una mancha; era una sustancia espesa y pegajosa que rezumaba del interior de las paredes. Retiró la mano rápidamente, pero la huella permaneció, estampada en la sustancia viscosa.

Keely olfateó con cuidado sus dedos amarillentos de color púrpura; tenían los mismos olores mezclados que las flores de las setas.—Meowcher, huele esto.

Meowcher se inclinó y metió la nariz en la mano de Keely. Una gota de la sustancia pegajosa manchó su nariz con manchas púrpuras y amarillas. Meowcher empezó inmediatamente a lamérselo.—¡Whoa, qué dulzón! Eso sabe a algo. No recuerdo exactamente a qué, pero es delicioso. ¿A qué sabe? ¿Dónde lo había olido antes mi olfateador?

Keely se chupó tentativamente un par de dedos para ver si podía averiguar de qué estaba hablando Meowcher.—¡Ya sé lo que es! —exclamó. Es la miel del arcoíris que Simón recogió y le dio a Crea en el biberón. La probó cuando lamió la fórmula salpicada. Debe de ser de aquí de donde la sacó. ¿Recuerdas? Dijo que la recogió en algún lugar cerca del vientre de un arcoíris. Bueno, esto está debajo del arcoíris, así que debe ser eso a lo que se refería, y estas salpicaduras están llenas de miel púrpura y amarilla. Tal vez deberíamos recoger un poco. No sé si puede ayudar a Crea, pero ya que estamos aquí podríamos coger un poco. Podemos ponerla en nuestro cubo —metió la mano en el Red Chariot, cogió el cubo y la pala, y se dirigió hacia las manchas de color púrpura-amarillo. Con el cubo en una mano, sumergió la pala en la sustancia pegajosa y empezó a llenar el cubo lo más rápido posible. Cuando estaba lleno hasta las tres cuartas partes, se detuvo y lo colocó en el carro rojo junto al tarro de Kool-Aid que aún contenía algunas escamas de dragón sobrantes.

Nada más hacerlo, tanto Meowcher como Keely inclinaron la cabeza hacia el sonido de un aullido sordo. Era gutural, lento y grave: un aullido suave, como si alguien estuviera sufriendo mucho.—Growler. Es Growler —gritaron Meowcher y Keely a la vez—. ¿Dónde estás? Te encontraremos —ambos corrieron en dirección a los gemidos.

Mientras corrían por el sendero, una fría ráfaga de aire golpeó la mejilla de Keely, poniéndole la piel de gallina de advertencia.—Más despacio, Meowcher —dijo—. Ten cuidado —Keely chilló hasta detenerse, agarrando a Meowcher por el pelaje de la nuca justo a tiempo. Justo delante de ellos, en medio del camino, había un agujero enorme; los lados brillaban con algún tipo de cristales de roca de color púrpura, azul, verde y rosa, algo parecido a los huevos de piedra de trueno que el abuelo tenía en su colección de rocas. Parecían trozos de carbón con forma de huevo puestos por una gallina dinosaurio hasta que los partías en dos y descubrías su caleidoscopio oculto de joyas. Si no se hubieran detenido justo en ese momento, los dos habrían sido devorados por la oscuridad.

—Vaya, ha estado cerca —suspiró Keely—. Menos mal que nos detuvimos cuando lo hicimos.

Ambas permanecieron en silencio unos instantes, escuchándose tragar aire ruidosamente con rapidez, simplemente contentos de estar respirando. En ese segundo instante se dieron cuenta de que los gemidos eran más fuertes y procedían de las profundidades del cráter de piedra que tenían delante.

—Growler, ¿eres tú? Estamos aquí. ¿Puedes oírnos?

La respuesta fue débil pero clara.—¿Keely? ¿Meowcher? —Growler jadeó—. Me caí en esta grieta y aterricé en una especie de protuberancia plana que sobresale de la pared.

Tengo miedo de moverme. Podría caerme el resto del camino. No estoy seguro de dónde va, o incluso si hay un fondo. Tampoco quiero averiguarlo. Tiemblo desde las patas hasta el final de la cola y no puedo controlar los temblores. Tengo mucho miedo. Además, me duele todo pero no sé si hay algo roto. Me alegro mucho de que hayan llegado. Por favor, ayúdenme. Parece que llevo aquí una eternidad.

Continuó:—En un momento iba caminando por el sendero y un estruendo y un estampido sordo me sacudieron los oídos y me dejaron mareado, además de sordo, hasta que se me destaparon los oídos. El peligro no entró en mi mente mientras daba tumbos. El sendero captó toda mi atención cuando empezó a ondular de arriba abajo y se desplomó. Fui absorbido en medio de la ruptura. Afortunadamente había algo sobre lo que aterrizar, pero no creo que fuera muy grande. Debajo de mí vi estrellas que salían disparadas por todas partes y montones de deslumbrantes luces doradas y blancas, como si el mundo volviera a empezar. No sé qué pasó, pero debió de ser algo increíble.

—Tienes razón —dijo Keely, intentando ocultar a Growler sus pensamientos de preocupación—. Fue algo increíble. Te lo explicaremos más tarde. Ahora mismo tenemos que encontrar la manera de que vuelvas al sendero. No creo que tengamos más cuerda. Quedó toda colgando a la entrada de la cueva. Hicimos una huida rápida y no tuvimos tiempo de pensar en recuperarla. Todavía tenemos algunas escamas de dragón, pero no creo que quiera arriesgarme a liberar otro dragón de fuego, no después del último.

Keely rebuscó un rato en el Red Chariot y dio con la funda de almohada, aún medio llena de arcoíris enrollados.—

Hmm, me pregunto si estos funcionarán bajo el arcoíris. Antes no podíamos volar con ellos, no sé por qué. Podría ser una carga de electricidad estática de todos esos dragones de fuego encendidos, pero espero que podamos usarlos ahora. Sería perfecto si los arcoíris fueran lo suficientemente fuertes como para hacer flotar a Growler hasta nosotros. ¿Qué piensas, Meowcher?

—Es una buena idea, Keely. Podría ser un poco mejor si Growler metiera un trozo de arcoíris por el pasador de su bufanda para asegurarse de que no se desenvuelve.

—Suena bien. Growler, ¿has oído a Meowcher? —preguntó Keely—. Cuando el arcoíris te alcance, envuélvete con él y métete un poco por el pasador de la bufanda. ¿Crees que puedes hacerlo solo?

—Sí, puedo hacerlo —ladró Growler. Su voz sonaba más profunda y fuerte, más parecida a la suya normal por primera vez desde que habían oído los suaves sollozos.

Keely y Meowcher sacaron el arcoíris de la funda de almohada y lo desenrollaron lentamente en la grieta, intentando que no se enganchara en los brillantes cristales que bordeaban la oscuridad. Finalmente llegó a Growler, que agarró el extremo y lo enrolló firmemente alrededor de su cuerpo, pasando un gran trozo por el pasador de su bufanda.—Bien, chicos, estoy listo para flotar —dijo, empujando hacia arriba y alejándose de su bulto en la pared.

Por un momento, no pasó nada. Growler colgaba balanceándose en el vacío, sin subir ni bajar. Entonces, un suave soplo pasó susurrando junto al oído de Keely, se deslizó en la negrura y sopló suavemente contra Growler, envuelto en el arcoíris. Empezó a elevarse lentamente, un arcoíris momificado; el viento tocaba una melodía inquietante, casi familiar, mientras el bulto envuelto rozaba las paredes con incrustaciones cristalinas hasta llegar a la cima. El arcoíris aún no funcionaba demasiado bien, y Keely y Meowcher tiraron suavemente del remanente para sacarlo.

Ambas sacaron manos y patas para enganchar el arcoíris y atraerlo a la seguridad de sus brazos. Abrazando ligeramente a Growler, para no aumentar sus heridas, lo desenvolvieron, colocando su cuerpo tiernamente en el suelo. Keely enrolló rápidamente el arcoíris, lo metió en la funda de almohada para usarlo más tarde y se arrodilló para examinar las heridas de Growler.

Keely se sorprendió de lo que vio. El pelaje de Growler estaba empapado de sangre en varios sitios, y parecía extremadamente débil, apenas capaz de levantar la cabeza. Había utilizado sus últimas reservas de energía para envolverse en el arcoíris y ahora yacía en silencio, jadeando entrecortadamente, gimoteando suavemente. Keely le palpó las piernas y, como podía mover las cuatro, decidió que no tenía ningún hueso roto. Sin embargo, había perdido mucha sangre, que seguía filtrándose por sus heridas, drenándole la vida. Keely estaba tan alterada ante la idea de perderlo que no podía pensar con claridad y no tenía ideas sobre qué hacer. Las lágrimas corrían sin control por sus mejillas y su corazón se llenó de tristeza. Se sentía desolada.

Fue Meowcher quien se recuperó primero y se le ocurrió una solución.—Keely, no nos abandones. ¿Qué tal si usamos la miel del arcoíris en los cortes? Es lo suficientemente pegajosa como para detener la hemorragia, y tal vez ayude a curar a Growler. A Crea le encantaba, y ciertamente no puede hacerle daño. Voy a por el cubo —se dirigió rápidamente hacia el Red Chariot y lo recuperó.

Keely congeló sus miedos y los hizo a un lado; su determinación tomó el control una vez más.—Muchas gracias, Meowcher. Necesitaba ese recordatorio. No me rendiré; es hora de animarse, como solía decirme la abuela cuando estaba desanimada. Podemos hacerlo.

Tanto Keely como Meowcher aplicaron la miel, levantando a Growler con cuidado para poder llegar a las laceraciones. Meowcher lamió más miel directamente en cada corte, y Keely puso un puñado en la boca de Growler, diciéndole que tragara hasta la última gota.

La miel se pegó a los bigotes que rodeaban la boca de Growler, así como a la de Meowcher. Las manos de Keely, aún cubiertas de oro púrpura cuando las apretó contra sus vaqueros, imprimieron sus líneas de la vida y del destino -las mismas que la vieja gitana en la feria anual de la escuela siempre intenta leer, por un dólar o dos, jurando predecir el futuro a partir de los garabatos de tu mano-. Su mano izquierda se imprimió en el muslo de su pierna izquierda vaquera, mientras que la derecha casi se pegó a un bolsillo trasero, y las líneas siguieron brillando en la penumbra de la cueva. El aire estaba tan quieto que se oían los latidos de tres corazones, y Keely, con los labios casi cerrados, empezó a canturrear nanas tranquilizadoras a Growler mientras Meowcher seguía ronroneando al ritmo de los tonos.—Que estés bien, Growler. Que estés bien. Que estés bien —y con el suave ahuecamiento de las palabras, lo estuvo. Cuando Growler se revolvió y se levantó, un suspiro empujó las paredes y rebotó desde el techo, derramándose por el suelo

Mapa: Bajo y sobre el Arcoíris

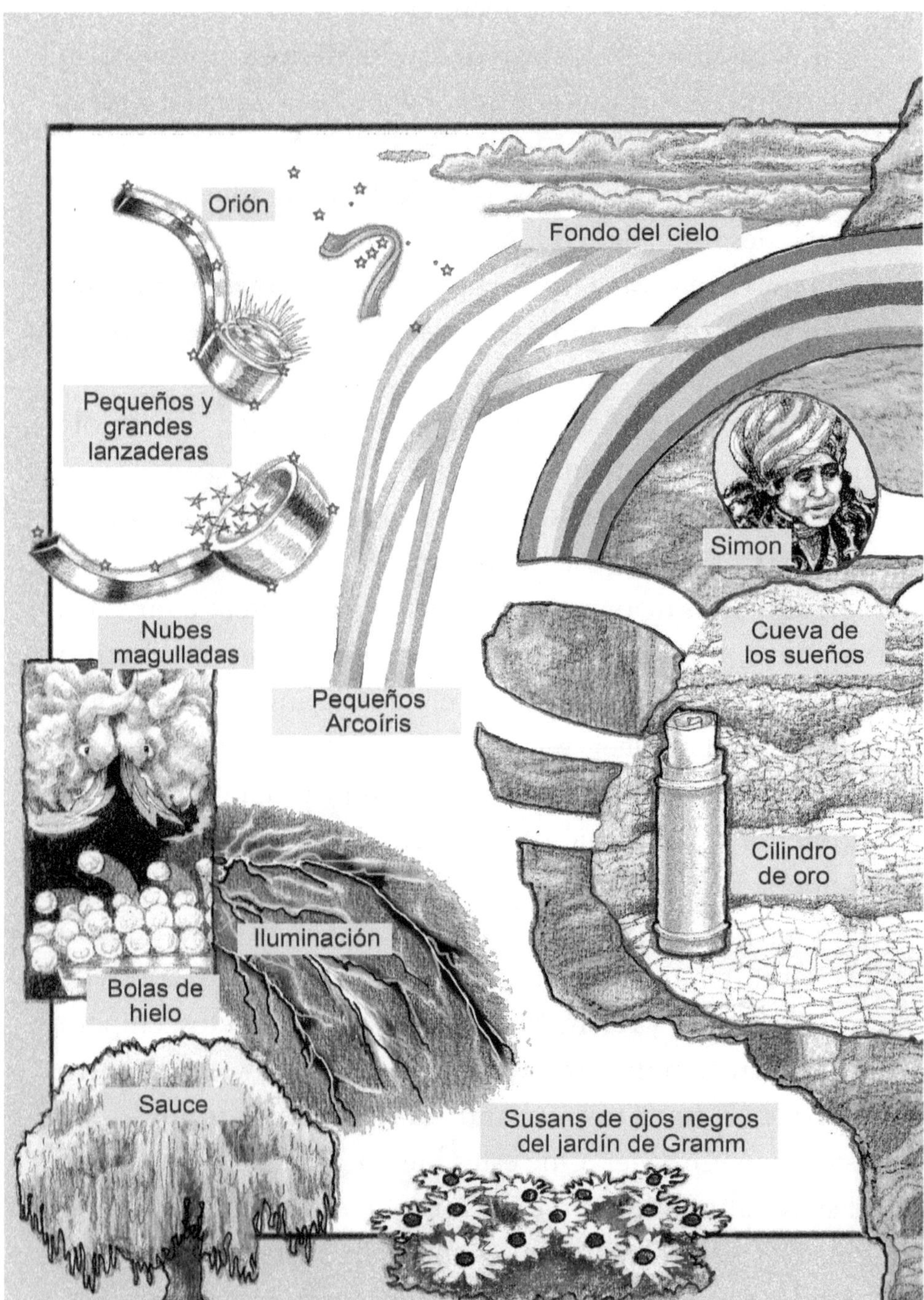

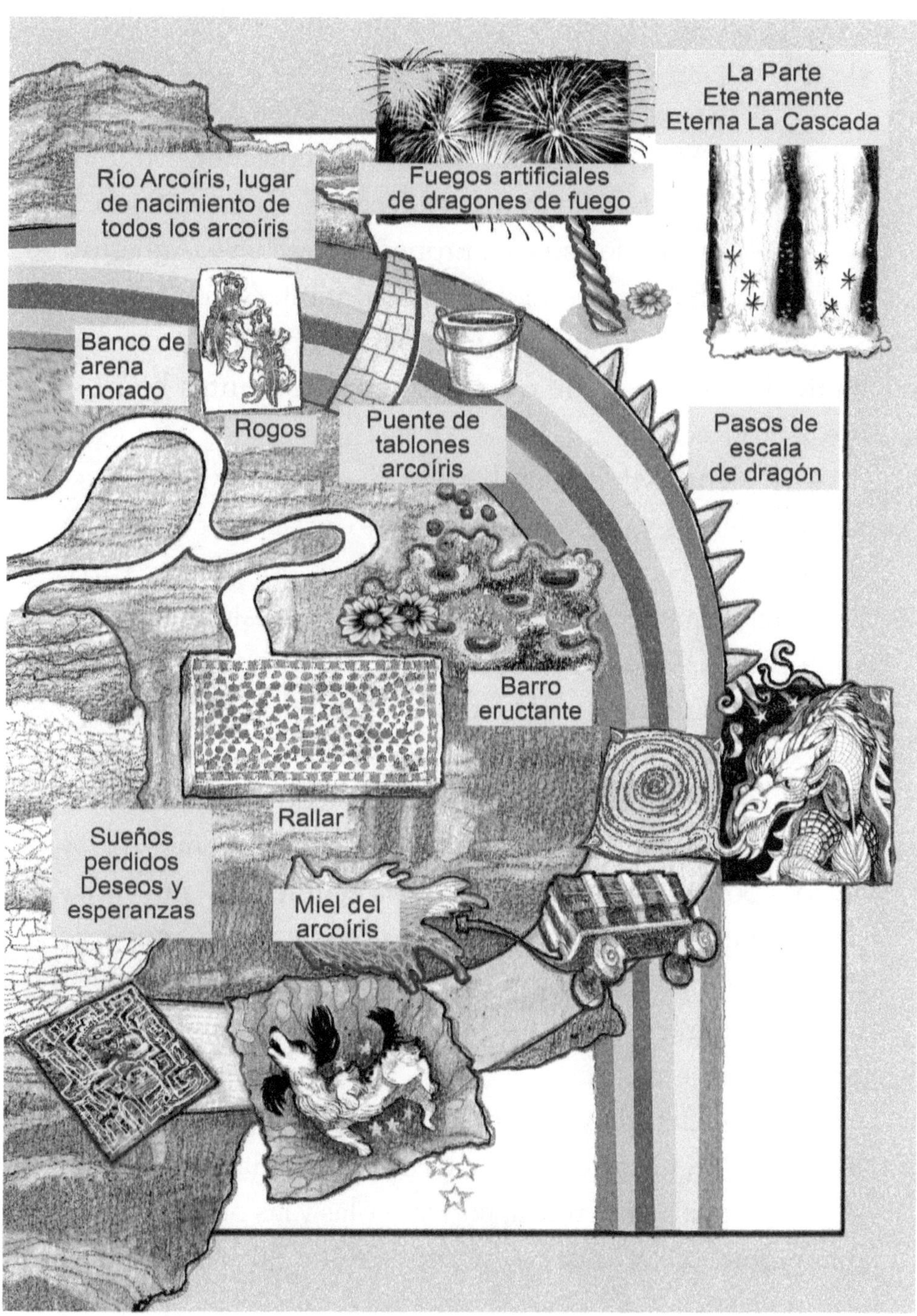
La Parte
Ete namente
Eterna La Cascada
Río Arcoíris, lugar
de nacimiento de
todos los arcoíris
Fuegos artificiales
de dragones de fuego
Banco de
arena
morado
Rogos
Puente de
tablones
arcoíris
Pasos de
escala
de dragón
Barro
eructante
Rallar
Sueños
perdidos
Deseos y
esperanzas
Miel del
arcoíris

roto, extendiéndose hacia el mar de estrellas. El silencio, a excepción de los latidos de los corazones, volvió a llenar el espacio.

—Bow wow wow —exclamó Growler—. Creo que ha estado muy cerca. Muchas gracias, Keely y Meowcher. Me han salvado la vida. No sé cómo agradecerles. Es un milagro.

—Diablos, no fue nada —ronroneó Meowcher—. Apuesto a que ustedes habrían hecho lo mismo por mí. ¿Verdad, Keely?

—Eso seguro. Nos alegramos mucho de que estés bien. ¿Estás seguro de que realmente te sientes bien? —preguntó Keely.

—Me siento MUY bien. De hecho —dijo Growler—, tengo menos dolores y molestias que antes de caer por esa grieta en la tierra. Hay algo extraordinario en esa miel arcoíris. Será mejor que recolectemos más por si necesitamos usarla en el futuro. Oye, ¿crees que esto es de lo que hablaba tu pista, el oro arcoíris, o el arcoíris dorado? Podría ser. ¿Tal vez esta es la cura para Crea? ¿Qué piensas, Keely?

—Podría ser, Growler. No estoy segura de si esto es todo lo que necesitamos. Recojamos un cubo lleno y sigamos. Estoy ansiosa por averiguar de qué hablaba el unicornio púrpura y por ayudar a liberar a todos los que están atrapados antes de que volvamos a casa. Estoy bastante segura de que hay algo más para curar a Crea que este oro del arcoíris —comentó Keely. Y tenía razón.

La tripulación avanzó por el sendero. Keely tiraba del Red Chariot; Growler marchaba a la izquierda, y Meowcher se pavoneaba a la derecha, con las colas y las orejas una vez más erguidas, decididos a enfrentarse a lo que les esperaba.

Capítulo Diecinueve

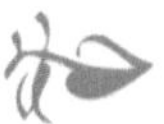

Rescate del unicornio

Mientras caminaban, empezaron a cantar unas canciones que Keely había aprendido hacía muchos años. Keely tarareaba la melodía y luego cantaba la letra, y tanto Meowcher como Growler entonaban la segunda o tercera vez.

Este viejo tocaba una. Tocó knick-knack en mi pulgar y todos pegaron sus pulgares, o donde se ubicaría un pulgar en una pata, directamente delante de ellos.

El coro se hizo más fuerte:

> *Con un knick-knack pattywhack,*
> *Dale un hueso al perro.*
> *Este viejo llegó rodando a casa.*

Segunda estrofa:

Este viejo, jugó a dos. Jugó knick-knack en mi zapato y se detuvieron para golpear sus pies en el suelo al unísono.

Con un knick-knack pattywhack,
Dale un hueso al perro.
Este viejo llegó rodando a casa.

Tercer verso:

Este viejo, jugó al tres. Tocó knick-knack en mi rodilla-y los tres se inclinaron una vez más y se golpearon las rodillas, o donde estarían las rodillas, girando mientras el camino se desviaba bruscamente a la izquierda.

Con un knick-knack pattywhack,
Dale-

Las palabras restantes se atascaron en sus gargantas mientras levantaban la cabeza y casi chocaban con lo que les saludaba.

Justo en su camino, una enorme puerta bloqueaba toda la anchura del sendero. Parecía hecha de piedra, con antiguas tallas y grabados que cubrían cada centímetro. El grupo comenzó a examinar cuidadosamente los dibujos rayados, buscando la pista para abrirla. No se veía ningún pomo ni pestillo normal. La superficie era completamente lisa, salvo por las intrincadas líneas talladas en la roca.

Desde algún lugar detrás de ellos, resonó una voz fuerte:— Así que por fin has llegado. Empezaba a preocuparme que los Dragones de Fuego Dorado los hubieran atrapado a todos. Tenemos que ponernos manos a la obra de inmediato, para... ¿cómo se dice? —la voz se detuvo un momento para recuperar la palabra necesaria—. Ah sí, la palabra, creo, es rescatar, rescatar a todos esos seres aún atrapados.

Era un Deseasueños orgulloso y fuerte, de pie, impaciente y moviendo lentamente la cabeza de un lado a otro. Su brillante pelaje púrpura brillaba mientras un fuego interior creaba un resplandor que iluminaba el tenue pasadizo. Al tocar la piedra con el cuerno, toda la superficie se iluminó y cobró vida. Las tallas respiraban y cambiaban de forma al moverse; los círculos se conectaban con arcos y las líneas se plegaban unas sobre otras, creando triángulos e intrincados laberintos. Parecían versiones complicadas y de varias capas de los laberintos que Keely nunca pudo resolver en clase de matemáticas, en los que se empezaba por un extremo y se trazaba una línea a través de los distintos caminos, evitando los callejones sin salida, hasta llegar a la salida. Mariah había trabajado con Keely en los laberintos durante semanas, desenredando con éxito las líneas e invirtiendo el orden de las palabras al revés hasta que sus pensamientos quedaron claros. Estas marcas serpenteaban, pulsando con un ritmo desconocido, desafiando al grupo a resolver el enigma de la puerta.

—Oye, Deseasueños —dijo Keely—. Fíjate bien. Creo que sé cómo encontrar el camino a través del laberinto. Tal vez al final del rompecabezas encontremos un pomo invisible —a los demás les dijo—: Empiecen todos a buscar un punto de partida. No puede ser un borde afilado. Tiene que haber un punto de entrada.

Cada uno empezó a examinar la superficie; Deseasueños tenía el borde superior, Growler el inferior, Keely el lado izquierdo y Meowcher el derecho. Decidieron que el laberinto probablemente empezaba en un lado, no en el centro, así que primero miraron los bordes. Los cuatro pegaron literalmente sus narices a la piedra y empezaron a buscar líneas sencillas que condujeran a los círculos y hacia la solución. Hubo varias salidas en falso; se descubrieron pistas que no tenían salida después de un par de metros. Los grupos de líneas se confundían y se superponían, fundiéndose con la roca y negándose a revelar sus secretos.

No te sientas frustrado. Hay una solución, y la encontra-remos juntos, animó Keely con sus pensamientos. Al principio trabajaron en silencio, concentradas en su tarea. Entonces Keely empezó a cantar una extraña melodía que no dejaba de rondar por su mente. Muy pronto los cuatro murmuraban juntos la melodía mientras buscaban la clave. Cada uno prestaba mucha atención a su propio rastro, sin darse cuenta de los demás, así que cuando sus narices se tocaron en el centro, habiendo seguido cada uno una línea desde un borde diferente, las risitas reinaron por un momento. Al cabo de otro segundo, se dieron cuenta de que sus caminos habían conducido al mismo punto: el centro de la puerta. Apartando la cabeza, vieron un objeto extraño en la casilla central donde se superponían los senderos. Era algo casi recordado, como una sombra que te hace cosquillas en la cara: eres consciente de ella pero no puedes tocarla del todo.

Fue Meowcher quien reaccionó primero, comentando con su acento sureño, que es parte de mi ADN:—Eh, miren ese dibujo. Yo sé lo que es. Miren esa huella de la mano de Keely en su trasero. Denle la vuelta y tendrán el diseño.

Todos se volvieron para mirar la huella de la mano, que aún brillaba con los restos de la miel del arcoíris, y ladeó la cabeza para comparar.

—No puedo creerlo, pero tienen razón. Efectivamente,

parece una cerilla —estalló Deseasueños con su voz formal.

Y Growler, que tenía mejor vista de la huella que Keely, añadió:—Pruébalo, Keely. A ver si tu mano abre la puerta. Parece que hemos encontrado el pomo invisible.

—Vale, allá vamos —Keely giró cautelosamente la mano derecha hacia un lado, alineando los dedos con el dibujo de la piedra y presionó firmemente la mano contra ella. La piedra se sintió fría, como cuando ella presionaba su mejilla contra el cristal de una ventana pintado de escarcha, y luego una sensación de hormigueo hizo vibrar su mano, luego su brazo, y luego todo su cuerpo. La puerta se estaba abriendo.—Me siento como Aladino —respiró Keely cuando la puerta giró hacia dentro delante de ellos—. Ábrete sésamo.

—Ábrete sésamo —repitieron Growler, Meowcher y Deseasueños.

Era la cueva de los sueños, donde se guardaban todos los deseos, esperanzas y sueños robados capturados por los Dragones de Fuego Dorado. La cueva estaba llena de los deseos que caían con las estrellas fugaces: deseos de niños solitarios, de adultos que aún creían en la magia y de personas de todo el mundo que deseaban un lugar mejor, paz, riqueza, recuperarse, ser felices y amados. En un rincón había una pila considerable de deseos polvorientos dirigidos a Papá Noel. Eran de niños pobres, sin sellos, que intentaban enviar sus peticiones al Polo Norte a través de una estrella fugaz en lugar de a la oficina de correos. Los sueños rotos y las esperanzas se agrupaban en otro nicho, casi perdidos, enterrados entre los escombros. Un sueño era abrir una granja de caballos, otro dar la vuelta al mundo en barco y otro crear una bicicleta que hablara con su conductor. La pila de las esperanzas perdidas era la más triste de todas, pues contenía a aquellos con creencias aplastadas, que aún esperaban un camino para creer, para volver a confiar.

Encima de la pila de los sueños rotos descansaba un cilindro dorado, delgado y muy polvoriento, inscrito con símbolos misteriosos e ilegibles y relleno con un rizo de papel de pergamino rojo. Solo asomaba una punta de rojo. Keely se sintió atraída hacia él por un sutil crujido; cuando se acercó, el crujido vibró por toda la cueva.

—¡Drrrach, drrach, buduter sirka. Sonaring dule! —*levántame. Levántame. Quita el polvo. Escucha mis palabras.* Keely se detuvo bruscamente y se dio cuenta de que era la única que oía y entendía el cilindro.

—Un momento, chicos —dijo—. Algo extraño está ocurriendo y tengo que comprobarlo antes de explorar el resto de la cueva.

Keely se acercó al montón de sueños rotos y cogió con cuidado el tubo abierto, soplando suavemente y quitando varias capas de polvo extraño. El trozo de pergamino rojo cayó y se abrió a sus pies—. ¡Sonaring dule! ¡Sonaring dule!

—Hmm, qué peculiar. Parece que esto debe ser para mí —una desconcertada Keely se agachó y leyó el mensaje para sí misma. No tenía sentido, así que lo leyó en voz alta para todos, esperando que alguien tuviera una idea sobre el significado de la pista.

Usa tu mente
Para encontrar
La parte de siempre
El Valle

Te espera
La piscina
De azul
Sostiene la (palabra borrosa)

Las lágrimas derriten la piedra (palabra borrosa)
Sabrás
Hagas lo que hagas
Vayas donde vayas
La respuesta es (palabra borrosa)

La última línea también estaba borrosa, imposible de descifrar.

—Vale, esto es definitivamente una pista, una especie de acertijo. No estoy segura de lo que significa en este momento, sobre todo porque la última línea ha desaparecido. Todos reflexionen sobre esto mientras continuamos —sugirió Keely. Metió la nota en el carro para revisarla más tarde y empezó a alejarse del montón de sueños.

Más allá de la gigantesca sala, cuatro túneles se adentraban en la caverna. Inclinándose hacia el primero, Keely juntó las manos y gritó lo más fuerte que pudo:—¡Hola! ¿Hay alguien ahí? —la única respuesta fue el rebote de sus palabras—: ¡Hola! ¿Hay alguien ahí? —repitió el mismo procedimiento en los dos túneles siguientes con la misma respuesta. Al principio del cuarto túnel, volvió a ahuecar las manos y gritó con todas sus fuerzas—: ¡Eh, si hay alguien ahí, por favor, di mi nombre, Keely!

—¡Keely! ¡Keely! Keely, ayúdanos —las paredes de la cámara vibraron con los gritos—. ¡Keely! ¡Eely! Ayúdanos.

—¡Muy bien, pandilla! Ya está. Vamos! —gritó Keely.

Deseasueños corrió hacia adelante y lideró el camino, con Keely, Growler y Meowcher en la retaguardia. A unos quince metros del túnel, el camino se bifurcaba en dos, y los cuatro se detuvieron para escuchar voces y determinar cuál tomar. Lo sorprendente fue que los ruidos apagados parecían provenir de ambas direcciones. El Deseasueños tomó la bifurcación de la izquierda y los demás la de la derecha.—Pongámonos de acuerdo en este punto para reunirnos después de que averigüemos cuántos están atrapados dentro —sugirió Deseasueños en su estilo rebuscado mientras trotaba por la pista del lado izquierdo.

—¡Trato hecho! —gritó Keely.

Al llegar al final del túnel, descubrieron una rejilla de metal corroído que cubría un pozo en medio del sendero de guijarros.—Ayúdennos. Por favor, ayúdennos —tarareó una sinfonía de voces bajo la abertura enrejada. Todos sus sonidos se fundían; el trino de los pájaros, el gorgoteo de los arroyos, las cuerdas, los instrumentos de viento, las trompas y las trompetas llenaban de gritos de auxilio los oídos de los rescatadores.

La tapa era similar a las rejillas de alcantarilla que Keely había visto en algunas calles de su casa, pero era lo bastante grande como para que cupiera en ella el gigante de —Jack y las habichuelas —agujeros de aire de diversas formas -cuadrados, círculos, triángulos, octógonos, trapecios-, cada uno del tamaño de su puño, impregnaban la parte superior. En el labio, de color verde con motas de óxido marrón rojizo, colgaba una especie de cerradura de rompecabezas de fantasía casi reconocible, casi conocida.

El grupo se arrodilló o se inclinó sobre la extraña tapa sin asas y se asomó al interior para ver quién pedía ayuda. Pero el pozo estaba tan oscuro y era tan profundo que no pudieron distinguir nada. Justo entonces Growler se acordó de la gran linterna que llevaba en el Red Chariot y se apresuró a sacarla. Se le escapó de las manos porque sus dientes se desencajaron en el momento equivocado, y chocó contra el metal, encendiéndose al deslizarse por un trapecio del tamaño de un puño, golpeando ruidosamente contra algo o alguien que había dentro.–*Ouchum.* ¡Me ha dolido! Me ha dado en la cabeza —grita alguien. A medida que la linterna iba dando tumbos, las rendijas de luz descubrían la oscuridad.

Keely se tapó la frente con las manos para ver mejor y se encontró con un espectáculo espantoso. Mirara donde mirara, en las grietas destellaban trozos de unicornio: una espalda aquí, una pata allá, una cabeza en el borde, un destello de crin, un retorcimiento de cuerno. La fosa estaba llena de unicornios de todos los colores, tamaños y edades, con innumerables tipos de cuernos. Algunos eran retorcidos, otros rectos, algunos pequeños, otros largos, algunos con hoyuelos, otros lisos. Como el pelaje de muchos colores, la combinación confundía sus ojos: lavanda, púrpura, amarillo, rosa fuerte, chartreuse. Un unicornio tenía todos los tonos de azul, desde el verde azulado hasta el real y el empolvado, que se arremolinaban en círculos de la cabeza a los pies, incluso en la cola y las crines.

—Oh, son todos tan llamativos —dijo Keely—. No puedo creer lo que estoy viendo. ¡Míralos! Tenemos que sacarlos de ahí de una vez.

—¿Qué les ha pasado? —Growler preguntó a los unicornios—. ¿Cómo se quedaron atrapados?

—Fue obra de esos terribles Dragones de Fuego Dorado —empezó uno de los unicornios más grandes, usando un lenguaje formal, con el orden de las palabras ligeramente torcido para traducir su mensaje—. Nos esperaban en cada estrella fugaz. Atrapaban las estrellas en su caída -los deseos, las esperanzas, los sueños y a nosotros también- en esas enormes redes. Tiraron todos los deseos, hasta donde no sabemos. Pero antes no pudimos conceder ni entregar ninguno. Entonces nos arrearon a este terrible lugar oscuro. Aquí "es" "donde" hemos estado viviendo por mucho tiempo, llenos de esperanzas y deseos de rescate. Gracias a los cielos sobre el cielo, están aquí para salvarnos.

Otro unicornio explicó que, originalmente, habían trabajado codo con codo con los Dragones de Fuego Dorado y los Wishkers en un pasado muy lejano, un tiempo olvidado. Los dragones entregaban todas las esperanzas, sueños y deseos atrapados en estrellas fugaces a los unicornios para que ellos los concedieran y distribuyeran, mientras que los dragones arrojaban el fuego de las estrellas moribundas a las cintas del Río Arcoíris. Nadie recordaba por qué cambió la práctica ni cuándo exactamente los Dragones de Fuego Dorado y los Wishkers se convirtieron en enemigos de los unicornios.

—No sabemos qué le ocurrió al Deseasueños. Fue el único que escapó de aquí. Tememos que haya muerto. Pidió ayuda y poco después de liberarse, un gigante con un enorme turbante morado y una capa a rayas multicolores acudió al rescate. Pero los Dragones de Fuego Dorados también lo atraparon a él, y desconocemos su destino. Estos Dragones de Fuego Dorados no tienen piedad. Son malvados y solo quieren hacernos daño, y no sabemos la razón de ello.

—¿Qué has dicho? ¿Un gigante con una capa de múltiples rayas? ¿Se llamaba Simón? —preguntaron Keely, Meowcher y Growler, casi al mismo tiempo.

—Creo que Simón era como se llamaba a sí mismo. Pero no tuvimos la oportunidad de discutir nuestro dilema —dijo el unicornio azulado—. Los Dragones de Fuego Dorado lo atraparon en una enorme red y lo arrastraron lejos de nosotros. Lo golpearon muy fuerte con sus colas, justo encima de su turbante, y él no dijo nada después de eso. No utilizó ni siquiera las palabras silenciosas para hablarnos. Parecía demasiado aturdido para defenderse. Creo que lo dejaron caer en un profundo y oscuro pozo propio, en algún lugar de otra parte de esta caverna. Pero como no hemos oído ni sentido su presencia, no sabemos si está vivo o no.

—Bien, eso lo explica —dijo Keely a sus compañeros—. Empezaba a preguntarme por Simón, ya que hace tanto tiempo que no sabemos nada de él. Pensé que escucharía nuestro miedo y volvería a casa. Ahora al menos sé por qué no ha venido. Espero que esté bien. Tal vez fue su débil voz la que oímos venir del otro túnel, el que Deseasueños está explorando. Ah, sí, casi se me olvida deciros a todos -añadió, volviéndose hacia los unicornios- que Deseasueños está bien. Encontramos su reflejo en las arenas movedizas de la cinta arcoíris morada y le ayudamos a soltarse. Él fue quien nos dijo que los Dragones de Fuego Dorado aprisionaron a la mayoría de los cazadores de esperanzas, sueños y deseos, pero nunca pensamos que hubiera tantos cazadores. Deberíamos saber de él en breve, después de que descubra lo que hay al final del otro túnel. Ahora concentrémonos en liberarlos a todos. ¿Alguno de ustedes sabe cómo desbloquear esta rejilla que cubre el pozo? —preguntó Keely.

—Bueno— dijo el unicornio de cuerno nudoso, el que parecía un tronco de árbol retorcido de quinientos años—, Simón consiguió decirnos que había visto una llave como la que necesitamos para abrir esta cerradura. Pero eso fue todo. Una llave para encontrar tal vez cuelga de la pared allí arriba. Buscad por todos los recovecos; tal vez tengan la suerte de abrir la cerradura —sugirió el unicornio mayor.

El grupo examinó inmediatamente las paredes y el suelo de la caverna en busca de cualquier señal de una llave, así como de grandes palos con los que hacer palanca para abrir la reja.

Capítulo Veinte

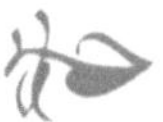

Las arenas del tiempo

Mientras tanto, en los establos, la madre de Keely seguía cuidando de Crea. Utilizaba la vieja bolsa de agua caliente para mantenerla caliente y llevaba la manta de franela azul alrededor del cuello. Cepillaba el pelaje enfermizo y manchado de amarillo azulado de Crea varias veces al día, tratando desesperadamente de acariciar la enfermedad, sin éxito. Maggie solo volvió a casa para comer y dormir unas horas en su propia cama antes de volver a sus tareas de enfermera. No se daba cuenta, pero cada hora con Crea aliviaba su propia alma desgarrada, disolviendo la pena que había estado encerrando su corazón, haciéndola vulnerable y haciéndola sentir de nuevo.

En uno de sus viajes a casa, decidió dedicar unos minutos a ordenar la casa para que todo estuviera bien y limpio cuando Keely regresara. Maggie cantaba suavemente para sí misma mientras trabajaba, intentando olvidar las sombras de preocupación que acechaban desde cada esquina, tendidas en emboscada para aplastarla con miedos y lágrimas una vez más. No podía ni pensar en perder a Keely. Pero algunos de esos pensamientos de pánico se colaban entre las letras. Primero sintió que se le erizaban los pelillos de la nuca, y luego un escozor en los ojos cuando los terrores la abrumaron. Sentándose bruscamente en una de las sillas de plástico de la cocina atadas con cinta adhesiva repetidas veces, se cubrió los ojos con manos temblorosas y empezó a sollozar.—Keely, Keely, ven a casa conmigo. Por favor, por favor, no puedo soportar perderte a ti también. Por favor, por favor, ven a casa —las lágrimas siguieron cayendo durante varios minutos antes de que recuperara la calma y volviera a sacarlas de su interior—. Oh, Keely, escúchame. Quiero que lo sepas. No puedo pedirte que me perdones por cosas que no puedo olvidar, pero te quiero —y le envió un silencioso beso al viento. Maggie empezó a curarse; los dedos sombríos que aferraban su espíritu se aflojaron y los recuerdos del baúl de mimbre del desván se desvanecieron. Sin embargo, aún le quedaba un largo camino por recorrer.

Levantándose de su asiento, Maggie se dirigió a la sala de estar y comenzó de nuevo su canto insonoro mientras ordenaba y quitaba el polvo. *Me pregunto por qué el reloj de arena está tumbado de lado en un rincón*, pensó. *Nunca me había fijado. Será mejor que lo vuelva a poner en su estante, encima del televisor.* Y así lo hizo. Las arenas rojas del tiempo empezaban a agotarse para Crea y Keely, y ellas ni siquiera lo sabían.

Capítulo Veintiuno

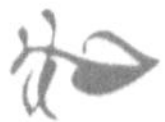

Atrapasueños

Justo cuando Keely se agachaba para levantar un tronco delgado y sin ramas clavado en el suelo, un fragmento de viento pasó silbando junto a su oído y un escalofrío helado le recorrió la espalda. Se estremeció, encogiéndose rápidamente de hombros para deshacerse de la sensación.—Debe de ser el tipo de escalofrío del que siempre hablaba el abuelo cuando alguien pisa tu tumba —murmuró Keely—. Me pregunto qué lo habrá provocado. ¿Será otra vez mi don del tobillo? —se volvió hacia el palo que tenía a los pies e intentó arrancarlo de la tierra, sin éxito.

—Necesito su ayuda —gritó Keely.

Tanto Meowcher como Growler corrieron en su ayuda, se echaron al cuello los pocos restos de arcoíris que quedaban y empezaron a cavar furiosamente alrededor de la base del tronco atascado. Keely siguió tirando mientras ellos cavaban. Al cabo de unos instantes, su trabajo dio sus frutos, y Keely salió volando hacia atrás cuando la raíz se soltó de golpe.

—¡Ay! Eso duele —exclamó Keely, frotándose el trasero

con una mano y agarrando el delgado tronco arrancado con la otra—. No veo ninguna llave, pero quizá podamos levantar la reja con este tronco-pértiga. Tenemos suerte de que no tenga ramas.

Primero, Keely pasó la pértiga por un triángulo del tamaño de un puño. A continuación, los tres rescatadores -Keely en el extremo, Growler en el centro y Meowcher en equilibrio- saltaron sobre el delgado poste, utilizando el peso para levantar la rejilla. Mientras intentaban esta hazaña, un haz de luz de la linterna captó en su resplandor el pasador de la bufanda de Growler, ensombreciendo la forma a los unicornios de abajo.

—¡Miren eso! ¡Miren! ¡Es la *clavis aurea*! —gritaron todos los unicornios al unísono. En su excitación, se habían deslizado en la lengua arcaica normalmente reservada a los unicornios mayores.

Keely, Meowcher y Growler soltaron el palo y se miraron unos a otros.—¿De qué están hablando? ¿Qué es una *clavis aurea*?

—¡Llave de oro, llave de oro! —la respuesta estalló antes de que Keely tuviera siquiera la oportunidad de descifrar el significado por sí misma.

—¿Dónde está?

—La llave está en medio del pecho de Growler, sujetando su bufanda —gritaron—. ¡Miren! Los triángulos dobles están ahí.

—¡Vaya, Growler, quítate el broche! Puede que tengan razón. Se parece a la cerradura que hay encima de la reja —dijo Keely.

Trabajando tan rápido como pudo, Growler desató el

alfiler de su bufanda y anudó el arcoíris restante alrededor de su cuello. Keely cogió el alfiler e intentó introducirlo lentamente en la oxidada cerradura. Encajó. Dio dos vueltas, deslizándose en las ranuras, y encajó perfectamente en su sitio. Cruzando los dedos, respiró hondo y giró lentamente la llave.

Clic. Clac. Clac. El lazo que cerraba la reja crujió y se desenganchó, liberando el candado.

—Ahora solo tenemos que quitar este trozo de metal. Lo cual es más fácil decirlo que hacerlo —comentó Keely—. A ver si podemos hacer palanca con la pértiga.

Juntos se pusieron a trabajar de nuevo, adoptando las mismas posiciones que antes. Poco a poco, la tapa se elevó ligeramente hacia arriba y empujaron con todas sus fuerzas, gruñendo entrecortadamente, creando un hueco en forma de media luna. Estaba abierto, pero la abertura era demasiado pequeña para que cupiera ninguno de los unicornios.

—¿Necesitas ayuda? —gritó una voz detrás de ellos.

Al darse la vuelta, vieron a Deseasueños de pie majestuosamente en el túnel. No había nadie con él.

—¿Encontraste a Simon? —preguntó Keely.

—Lo hice, sí. Pero voy a necesitar su ayuda, todos, para liberarlo. Sin embargo, lo primero es lo primero. Vamos a liberar a mis Atrapasueños. ¿En qué puedo ayudaros? —preguntó Deseasueños en su lenguaje ligeramente enrevesado y característico.

—No estoy seguro, pero necesitamos alejar esta rejilla del agujero para que los unicornios puedan salir. ¿Cómo crees que podemos hacerlo? —preguntó Keely.

—Hmm. Con mi cuerno creo que para levantarla puedo.

Estoy seguro de que bastante cabrá a través de un círculo o triángulo. Por favor, fuera de mi camino conseguir. Yo no quiero dejar caer la tapa en los dedos de los pies de nadie —continuó Deseasueños. Utilizaba un curioso patrón de palabras, pero todos podían entenderle. A veces las palabras fluían casi con normalidad, y otras veces eran rebuscadas y rebuscadas, intercaladas con una palabra desconocida y arcaica aquí y allá. Lo mismo ocurría cuando hablaban los demás unicornios, sus conocimientos de español estaban un poco oxidados, y a veces mezclaban palabras arcaicas con sus propios dialectos y acentos.

Deseasueños clavó su cuerno en un círculo, la elección de forma perfecta, separó las piernas como una jirafa preparándose para beber, gruñó dos veces y resopló. Los músculos de su espalda se tensaron para levantar la pesada tapa sobre su cuerno. El cuerno se tiñó de brillantes tonalidades rojizas y parpadeó como el fuego cuando se lo quitó. Tras unos instantes de silencio, el hueco de la luna creciente se ensanchó hasta que la fosa quedó totalmente abierta y la tapa quedó a un lado. Deseasueños lo había conseguido. Incluso después de descifrar su cuerno, éste seguía humeando, las brasas brillaban y proyectaban bordes sombríos de sueños casi encontrados en la escasa luz de su prisión subterránea.

—Muy bien, Atrapasueños, sal del agujero. ¡Vuela hacia arriba! —tronó Deseasueños.

En una fuente de sombras que superaba al arcoíris más brillante, un unicornio siguió a otro mientras agitaban sus crines, apuntaban con sus cuernos y volaban hacia arriba siguiendo la orden de Deseasueños. Dieron vueltas alrededor de Keely, Growler y Meowcher; la alegría de los Atrapasueños al tocar de nuevo la libertad creó electricidad estática, y chispas de luz salieron disparadas de sus cuernos, pezuñas y colas hacia todos los rincones de la caverna.—¡Vaya! Mira eso —exclamó Keely—. La oscuridad está llena de luz, como las antorchas de fuego —no se dio cuenta de que la carga eléctrica había hecho que su pelo se esponjara y casi se pusiera de punta hasta que miró a Meowcher y Growler y vio la reacción de su pelaje. Keely tocó su propio pelo para descubrir que estaba en un estado similar—. ¡Se siente como algodón de azúcar! —gritó.

—Deseasueños —llamó Keely—, vamos a rescatar a Simon.

—Síganme. Atrapasueños, todos, por favor, alinéense detrás de nuestra tripulación de salvadores —ordenó Deseasueños—. Prepárense conmigo para brincar.

El grupo se emparejó rápidamente, su camino iluminado por las bolas de luces de bengala que se aferraban a los lados de la cueva, y caminaron a paso rápido detrás de Keely, Meowcher, Growler y Deseasueños. En pocos minutos, llegaron a la bifurcación del camino, y todos bajaron a toda velocidad por la de la izquierda, ansiosos por alcanzar a su amigo Simón.

A medida que se acercaban al final del camino, Keely se fijó en unas cosas maravillosas, extrañas, parecidas a flores, que latían y brillaban, creciendo en charcos morados y verdes y saliendo directamente de nichos en las paredes de la caverna. Nadie las había visto antes; había estado demasiado oscuro para notarlas, pero las luces de centelleo las hacían imposibles de pasar por alto. *Hmm*, pensó Keely, *ahora mismo no tengo tiempo para explorar estas flores, pero tomo nota para echarles un vistazo más tarde, cuando tenga tiempo.*

Justo entonces, doblaron la última curva del sendero y se encontraron con otra visión peculiar. En medio del sendero había un gigantesco huevo de piedra, parcialmente cubierto por una membrana gruesa y fibrosa, como la clara, no la yema, de un huevo crudo. La piedra aún no se había cerrado del todo; quedaba un pequeño hueco que permitía ver el interior de la cáscara. Y era allí donde Simón estaba retenido. Estaba envuelto en una especie de capullo que lo pegaba firmemente a un lado para que no pudiera mover ni un músculo. Lo único que el grupo podía ver y reconocer eran unos mechones de pelo verde y negro que salían de debajo de un turbante atrapado y unos ojos sin pestañas que empezaron a parpadear alarmados cuando vio a su grupo de rescate. *¡Cuidado! ¡Tú también te quedarás atrapado!* gritó en sus pensamientos. *Los Dragones de Fuego Dorado pueden regresar en cualquier momento. Deseasueños, como te dije antes cuando llegaste, deberías dejarme y llevarte los Atrapasueños contigo antes de que los vuelvan a atrapar a todos.*

—No, no creo que nadie se vaya hasta que sean liberados. Estoy seguro de que Keely se ocupó de los Dragones de Fuego Dorado y de los Wishkers durante mucho, mucho tiempo; sus fuegos y su maldad se han apagado para siempre. Solo tenemos que averiguar la mejor manera de sacarte de esa roca capullo sin que nosotros mismos nos enredemos. ¿Tienes alguna idea? —preguntó Deseasueños.

—Me preocupa que aún haya peligro. Ten mucho cuidado —advirtió Simon—. No estoy seguro, pero he tenido bastante tiempo para pensar en este huevo. No recuerdo cómo me metieron dentro los Dragones de Fuego Dorado. Estuve

"Atrapasueños, vuela recto"

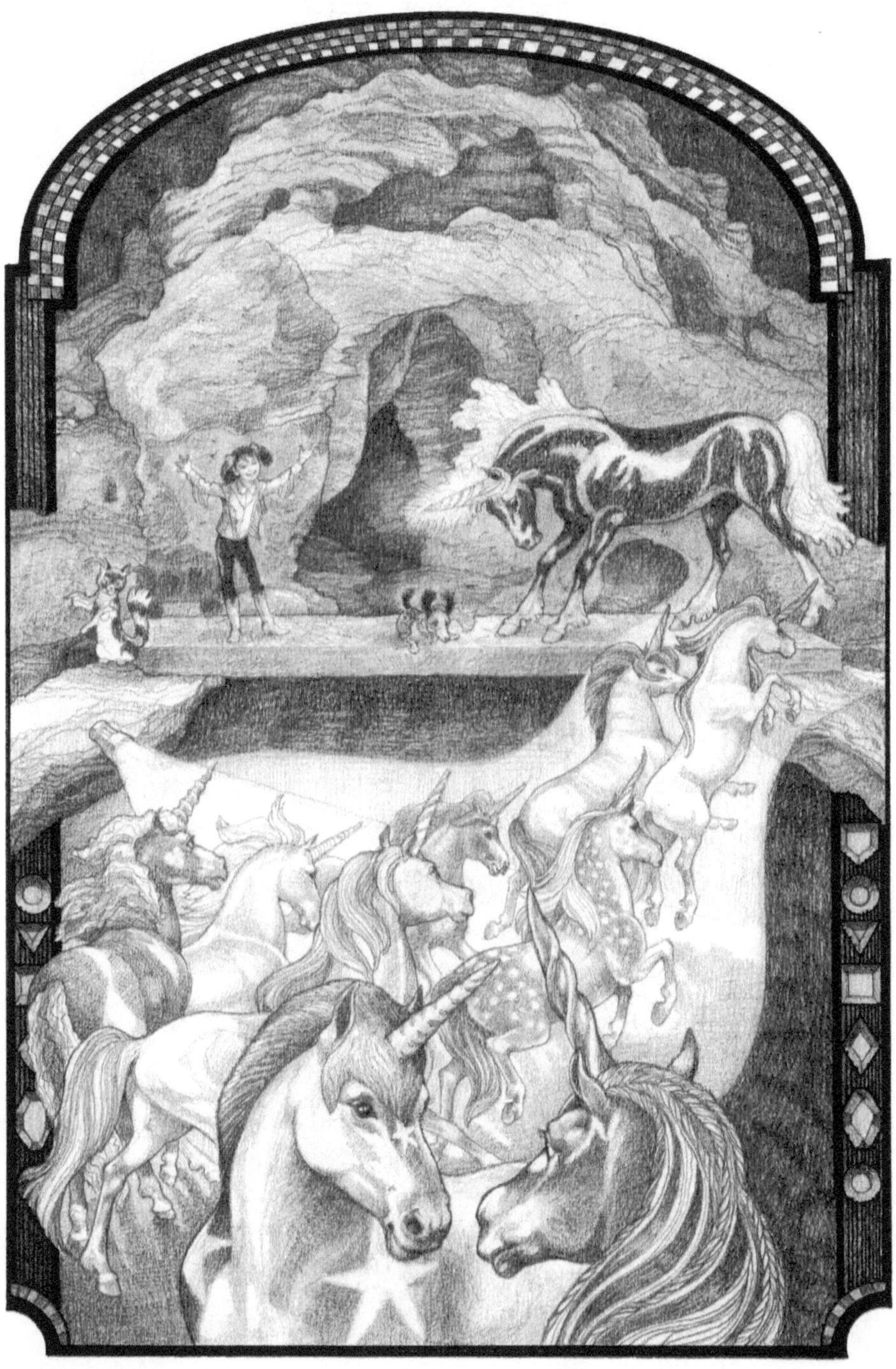

inconsciente mucho tiempo, pero recuerdo que en un momento hubo un calor tremendo. Tal vez si tú y un montón de Atrapasueños juntaran sus cuernos, podrían hacer un agujero en esta pared fibrosa.

—Un intento que vale la pena —comentó Deseasueños.

—Pero creo que deberíamos empezar por un punto del huevo que esté más alejado de Simon —intervino Keely—, por si se incendia en lugar de arder en un solo punto.

—*Unicornus*, a este extremo ven, y juntemos nuestros *cornus* —ordenó Atrapasueño, usando las palabras arcaicas mezcladas con las modernas.

Una multitud de Atrapasueños y Deseasueños tocaron sus cuernos juntos. Cuando el resplandor pasó de azul-rojo a blanco-caliente, rozaron el borde del huevo, abrasando la membrana. No estaban preparados para lo que ocurrió a continuación; un grito desgarrador llenó el aire cuando la membrana se derrumbó como un enorme globo, envolviendo totalmente a Simon. *¡No puedo respirar! ¡El huevo me está asfixiando!* dijo Simón con sus pensamientos. *¡Ayúdenme!*

—¡Rápido, Atrapasueños! —gritó Keely—. ¡Usen sus cuernos para levantar esto antes de que Simon muera!

Llamaradas de color saltaron a su orden. Cada Atrapasueños levantó más que su propio peso mientras reventaban la membrana por varios sitios y la arrastraban lejos de un Simón todavía encogido. Deseasueños se inclinó sobre Simon y le quitó los últimos jirones de membrana de los ojos y la boca y desenredó el capullo con su cuerno y pezuñas. Meowcher, Growler y Keely se unieron a Deseasueños, y juntos lograron liberar a Simon de la prisión que casi lograba asfixiarlo.

—Por fin puedo volver a respirar aire de verdad —dijo Simon jadeando—. Muchas gracias a todos por salvarme la vida. Realmente no creía que hubiera demasiadas posibilidades de volver a ser libre —flexionó los brazos, enrollándose la capa y recogiéndose el turbante al mismo tiempo. Simon consiguió recuperar la compostura en el último giro, como solo Simon podía hacer.

—Ahora, dime qué haces aquí, Keely, y dónde está Crea —preguntó Simon—. Cuando me fui, me dirigía a unas vacaciones, pero oí los gritos de auxilio de Deseasueños y los Atrapasueños, así que tomé lo que pensé que sería un pequeño desvío. Los Dragones de Fuego Dorado me atraparon en una red de tamaño gigante y luego me envolvieron en un capullo. Recuerdo que me golpearon con las colas, como si cien bates de béisbol me dieran en la cabeza. Mis oídos pitaban tan fuerte que no se oía ningún otro sonido, y ya ni siquiera podía susurrar hilos de pensamientos a nadie.

Luego añadió:—¿Te diste cuenta de que el caparazón de piedra que rodeaba mi prisión crecía? Con el tiempo, habría cubierto toda la membrana y me habría quedado atrapado vivo, dentro, para siempre. Llegaron justo a tiempo. Les estoy muy agradecido a todos.

—Si no fuera por Keely, nunca estaríamos en el otro lado del arcoíris —declaró Deseasueños.

—Y Keely también nos ha salvado. Y la *clavis aurea* de Growler nos liberó —repitieron los Atrapasueños.

Keely miró tímidamente la punta de sus botas verdes mientras las palabras de elogio la ruborizaban de placer. Inclinándose, acarició a Meowcher y Growler y añadió sus propias palabras.—No podría haber hecho nada de esto sin ustedes dos. Me han dado muchas ideas y fuerza por el camino. Somos un súper equipo.

Poniéndose de pie de nuevo, dijo:—Ahora Simon, para responder a tu pregunta anterior, he venido a buscar medicinas para Crea. Está mortalmente enferma y estamos intentando encontrar la cura. Nos desviamos con los dragones de fuego dorado y los Atrapasueños, pero debemos encontrar la fórmula y volver a casa con Crea. Estoy muy preocupada por ella. No sé cuánto tiempo le queda. ¿Nos ayudarás a encontrar el tratamiento? —preguntó.

Al mismo tiempo que Keely hablaba con Simon, los Atrapasueños y Deseasueños discutían cómo manejar todos los sueños, esperanzas y deseos de las estrellas caídas atrapadas. Permanecían en enormes montones cerca de la entrada de la cueva. Los Dragones de Fuego Dorado se habían deshecho de las estrellas caídas, arrojándolas inmediatamente al Río Arcoíris justo después de atraparlas, donde fueron absorbidas rápidamente. Tal vez, con el tiempo, las que aún quedaban en las otras cintas del río encontrarían el camino de vuelta al cielo, a nuevas constelaciones, y se unirían a las estrellas recién renacidas cuando explotó el monstruoso Dragón de Fuego Dorado. El mayor problema en este momento era determinar cómo conceder los deseos, esperanzas y sueños perdidos a todas aquellas personas que los habían deseado en las estrellas fugaces. Eran tantos y no había suficientes Atrapasueños para hacer el trabajo. A Deseasueños se le ocurrió una idea y se volvió hacia Simon.—Por favor, Simon, debes ayudarnos.

Simon se dirigió primero a Keely, hablándole en su forma

normal pero rebuscada:—Keely, estás haciendo un trabajo extraordinario. Estoy muy orgulloso de ti. Eres la única que encontrará la cura para Crea. Sé que tienes miedo, pero puedes hacerlo y lo harás. Te ayudaré a empezar de nuevo, pero debes hacerlo tú mismo. Crea cree en ti. Tú crees en Crea, y yo creo en ti. Ahora escucha con atención. Siento como tú que hay poco tiempo, pero puedes y tendrás éxito, Keely. Debes creer en ti.

Las mismas palabras que Abuelita había pronunciado tantas veces rebotaron por la cueva—: cree-en-ti-ti-ti —y las palabras de Simon habían reforzado las briznas de confianza que crecían en su interior—: tan orgullosa de ti.

Simón prosiguió:—Debes localizar un pequeño valle en el borde de la Parte Eternamente Eterna. En medio de él, habrá una profunda laguna con las aguas más azules y claras de todos los cielos y tierras, vistos y aún no vistos. Esta es la Laguna de las Esperanzas y los Sueños. Es fundamental traer agua de allí para curar a Crea, pero antes hay que mezclarla con lágrimas de los árboles del dolor que realmente lloran. También viven en este valle. Los reconocerás por las lágrimas que cuelgan de sus troncos en grupos de cristal. Uno tiene pequeñas flores blancas y el otro corteza amarilla y espinas. Ambos árboles tienen un aroma maravilloso que te hace olvidar tus miedos. Estas lágrimas son uno de los mayores tesoros del mundo. Ten cuidado de no herir a los árboles que las producen.

—Primero, tienes que llegar a la Parte Eternamente Eterna, y lo más difícil puede ser encontrar la puerta secreta al valle. Solo he estado allí una vez, hace mucho, mucho tiempo. Recuerdo que viajé a lo largo de la cola de un cometa y, de un modo u otro, llegué a un lugar lleno de flores de aspecto peculiar. No he vuelto a ver ninguna igual desde entonces, pero sí recuerdo que, cuando las olí, ocurrió algo asombroso. No puedo explicarlo, pero me vi envuelto en una espiral de nubes rojas y verdes enjoyadas y fui arrastrado a través de la entrada oculta, aterrizando cerca de la piscina. Otro problema importante, sin embargo, es que no creo que puedas volar dentro del valle o a una distancia cercana al valle. Tendrás que viajar a pie o por otros medios. Sé que mi capa no funcionó, y los unicornios normalmente tampoco pueden volar allí.

—Bueno, hemos tenido problemas para volar en varias zonas, así que ya estamos casi acostumbrados. ¿Qué aspecto tienen las flores, Simon? —preguntó Keely. Mientras Simon describía las flores, una imagen de Crea se grabó en la mente de Keely. Vio cómo los ojos de Crea se abrían de par en par delante de ella, con la misteriosa forma de la flor clavada en la parte más oscura de la pupila. Keely estaba tan embelesada que apenas oyó las últimas palabras de Simon.

—Y parece que las flores siempre crecen en esos "charcos eructantes" de barro verde y morado que brillan como el charol y son realmente pegajosos al tacto —concluyó Simon.

—Caramba, me suenan —reflexionó Keely—. ¿Me pregunto dónde habré visto yo algo parecido? Hmm —Keely le mostró a Simon la misteriosa pista en el rizo de papel de pergamino rojo, y él no tuvo más pistas que darle sobre la ubicación del valle. Se limitó a reforzar el primer consejo, añadiendo que la respuesta estaría allí cuando ella la necesitara si utilizaba su mente.

Dejando a Keely con sus pensamientos, Simon se

dirigió a Deseasueños y le ofreció sus servicios para ayudar a entregar todos los deseos, esperanzas y sueños que una vez se perdieron y ahora se han encontrado, preguntando a Deseasueños qué tenía en mente.

El plan de Deseasueños parecía un poco loco, pero para Simon era otra de esas ideas "es-posible", deseasueños propuso usar una de las viejas redes de los Dragones de Fuego Dorado, dejada en un rincón de la cueva con los deseos desechados. Quería que Simon la cargara con todos los deseos, esperanzas y sueños desechados y luego arrastrara la red hasta la cima de un arcoíris y los entregara todos, de uno en uno, a los Atrapasueños para su entrega. Cada Atrapasueños se concentraba en conceder un deseo, esperanza o sueño a la vez y volvía a Simón cuando terminaba el primero, cogía el segundo, y así sucesivamente hasta que se encargaban de todos. Los deseos, esperanzas o sueños más grandes o complicados se concederían a Deseasueños, ya que era el unicornio con más experiencia y poder.

—Keely, ¿crees que puedes encargarte de encontrar la medicina para Crea mientras yo ayudo a Deseasueños y a los Atrapasueños? —preguntó Simon—. Lo has hecho extremadamente bien sin mi ayuda, y creo en ti. Sé que puedes terminar el trabajo sin mí. Ah, y me detendré en la entrada de la cueva, recuperaré la alfombra y la llevaré conmigo, para que no se pierda. Me reuniré contigo y con Crea en cuanto hayamos terminado. ¿Qué te parece?

Keely se volvió hacia sus compinches -otra de esas palabras con las que la abuela llamaba a sus compañeras de juego- y les hizo la misma pregunta.—¿Qué les parece, chicos?

La respuesta se gritó al unísono.—¡Sí, podemos! ¡Podemos

hacerlo!

—Deseasueños y Atrapasueños, es hora de volar —ordenó Simón, y todos desaparecieron en un revoloteo de cuernos, crines y túnicas fluidas, corriendo hacia las cámaras de los deseos, las esperanzas y los sueños.

—Esto es genial —comentó Keely—. La red es perfecta para sacar todo el lote de la cueva de una sola vez —que era otra de las frecuentes expresiones de Abuelita para decir —todo de una vez— que a Keely le encantaba utilizar. Todos se unieron; incluso Keely, Meowcher y Growler ayudaron antes de continuar su búsqueda del valle escondido en la Parte Siempre de Siempre.

Ninguno del grupo se detuvo a mirar de cerca los deseos o intentó una rápida clasificación antes de lanzarlos a la red. Si lo hubieran hecho, habrían visto que algunos llevaban décadas en la cueva, atrapados mucho antes de que los propios Atrapasueños fueran capturados. Evidentemente, durante un largo y desconocido período de tiempo, los astutos Dragones de Fuego Dorado habían cogido algunas estrellas y tirado los deseos solo por despecho, unos que los Atrapasueños ni siquiera se daban cuenta de que habían perdido.

Simon recogió los bordes de la red e intentó arrastrarla por el suelo, pero era demasiado pesada incluso para él.—Atrapasueños, necesito su ayuda. Dense la vuelta y metan los cuernos por unos agujeros cerca de la parte superior de la red para ayudarme a llevar la carga —les ordenó—. No tenemos que llevarla muy lejos. Volaremos hasta la cima del arcoíris más cercano, sin contar el que tenemos debajo. Creo que hay suficiente luz de las estrellas, la luna y sus propios cuernos para ayudarnos a entregar los deseos perdidos lo más rápido posible. Intenten conceder tantos deseos, esperanzas y sueños como puedan, pero no se preocupen por aquellos para los que no puedan encontrar a los que los piden, a los que los sueñan o a los que los esperan. Devuélvemelos y veré qué puedo hacer con ellos más adelante. Voy a coger la alfombra primero, antes de empezar con las entregas.

—Keely, Meowcher, y Growler, puede que quieran empezar también —pero mientras decía esto, se dio cuenta de que ya habían empezado a caminar más adentro de la cueva.

—Simon, tenemos una idea —dijo Keely—. Tengan cuidado. Nos vemos pronto —sus despedidas rebotaron ruidosamente en las paredes de la cámara.

Capítulo Veintidós

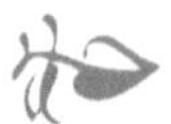

Los deseos se hacen realidad

Los dos grupos continuaron por separado, cada uno con la intención de cumplir su misión. Keely, Growler y Meowcher fueron a investigar las inusuales flores que crecían en el barro brillante de los lados de la cueva. Simon y su grupo volaban un poco inseguros hacia uno de los arcoíris más amplios que se arqueaba por el cielo nocturno bajo ellos.

A medida que este grupo mixto de unicornios Atrapasueños y Simón se acercaban al arcoíris, empezaron a buscar un lugar para aterrizar y lanzar la Operación Deseos. Descubrieron el lugar de aterrizaje perfecto en la punta del arcoíris. El halo de siete colores se aplanaba en el punto más alto de su arco, y a ambos lados flotaban un montón de nubes plateadas que sostendrían la red de deseos, esperanzas y sueños. Simón se puso manos a la obra nada más aterrizar. Colocó toda la red sobre una de las nubes, con un pie en el labio del arcoíris y otro en el revestimiento plateado de la nube. Los Atrapasueños soltaron suavemente sus cuernos de la red y se alinearon frente a Simón, listos para sus siguientes órdenes. Simón metió la mano en la red y sacó el primer deseo. Sopló el polvo que aún quedaba adherido al deseo, leyó rápidamente su contenido, esbozó una sonrisa torcida y lo colocó firmemente en el cuerno del primer Atrapasueños.—Este es un poco viejo, y puede que el que pide el deseo ya no necesite una bicicleta roja como un coche de bomberos con una bocina que silba como un tren, pero compruébalo de todos modos —dijo riendo—. Tal vez tenga un niño o una niña que desee lo mismo que el padre. Puede que tengas que ser un poco creativo para conceder algunos de estos deseos.

El siguiente era el deseo de una niña, que deseaba que su madre se pusiera bien, y luego había uno de una madre, que deseaba que su hija fugitiva volviera a casa. Otro era de un niño que deseaba un cachorro, otro era de un adolescente enamorado que deseaba que una chica llamada Tracy le quisiera, y así sucesivamente. Simon leyó rápidamente los deseos y los repartió entre los Atrapasueños. Deseasueños se llevó el deseo de la madre que deseaba que su hija volviera a casa, porque este deseo requeriría un poco más de investigación que algunos de los otros.

Tras la distribución inicial de los deseos, Simon clasificó los sobrantes en montones por tipo de deseo, esperanza o sueño y grado de dificultad. Así sería mucho más fácil repartirlos cuando los Atrapasueños volvieran para su segunda tarea, luego para la tercera, y así sucesivamente. Algunos Atrapasueños preferían conceder los deseos de los niños, otros los de los adultos, y unos pocos se especializaban en los que trataban sobre el amor o solo en los que trataban sobre el dolor. Unos cumplían solo esperanzas y otros sueños. Había para todos los gustos, cualquiera que fuera su especialidad preferida. *La Operación Deseos va a llevar mucho más tiempo de lo que esperaba. Con suerte, Keely no me necesitará*, pensó Simon.

Tanto Simon como Deseasueños pidieron a los Atrapasueños que viajaran lo más rápido posible a sus destinos, utilizando cualquier medio disponible. Simon se detuvo un momento a escuchar; el flujo de la charla de los unicornios en múltiples dialectos -una sinfonía sonora de estrellas detrás de la luna, de arcoíris en el borde de Saturno, de cascadas tendiendo puentes entre universos- se mezclaba en poesía, pintando los cielos, recitando alegrías de ayer y esperanzas de mañana.

Varios unicornios empezaron montándose en rayos de luna que daban vueltas cerca del arcoíris, porque los rayos de luna se movían mucho más rápido de lo que podían volar los Atrapasueños. Algunos decidieron deslizarse por el arcoíris para alcanzar sus objetivos. Algunos Atrapasueños estaban acostumbrados a viajar de esta manera, ya que uno de sus pasatiempos cuando eran jóvenes unicornios era jugar sobre los arcoíris e intentar ver hasta dónde podían deslizarse antes de caerse. Daban un salto corriendo, aterrizaban en medio de la parte superior de un arcoíris que caía, resbalaban y se deslizaban hasta el fondo, y luego saltaban encima del siguiente arcoíris para repetir el proceso. Montar en arcoíris era como deslizarse por esos toboganes gigantes resbaladizos que el padre de Keely solía hacer en el patio de su casa. Primero, cogió una vieja cortina de ducha de plástico, la cortó por la mitad a lo largo y colocó los trozos uno al lado del otro. Luego mojaba todo el plástico con la manguera de jardín y dejaba correr el agua cerca de la parte superior del primer trozo de plástico. Keely y sus amigos empezaron a correr y aterrizaron boca abajo, deslizándose hasta el final, hasta que se detuvieron en la hierba. Por lo general, escupían hierba entre los dientes, riéndose a carcajadas al mismo tiempo.

Más o menos cuando el primero de los Atrapasueños voló para conceder deseos, Keely, Meowcher y Growler llegaron a las flores que querían investigar. Por suerte, parte de la luz aún brillaba en las paredes, revelando los escondites de las flores. Caminando en fila india y manteniéndose lo más cerca posible de la pared, se acercaron a los puntos brillantes, notando que el barro en el que crecían las flores era, de hecho, tanto verde como púrpura, y muy pulido, casi como un espejo. Algo en la forma en que las flores brillaban en la penumbra, o tal vez la ligera brisa que los estremeció a los tres, puso a Keely en alerta. Su estómago se contrajo en un ataque de preocupación, así que cerró los ojos y trató de contener las visiones aterradoras, forzando su voz para que sonara normal.

—Eh, mira aquí. Una de esas flores crece cerca del sendero. Es fácil de comprobar —dijo Keely, con un temblor nervioso que no podía controlar. Se precipitó hacia ella, sin darse cuenta de que el sendero normal terminaba y de que se topaba con el mismo barro brillante que rodeaba la flor. Meowcher y Growler, que seguían tirando del Red Chariot, la siguieron. Keely llegó primero a la flor y se inclinó para examinarla cuidadosamente, y entonces oyó un sonido borroso y un aullido por detrás. El barro había hervido bruscamente en una inmensa burbuja y reventado por todo Growler y Meowcher. Parecía que volvía a borbotear cuando Keely intentó darse la vuelta. Descubrió que sus botas estaban firmemente atascadas, y este barro verde-púrpura y sorbente le llegaba casi hasta los tobillos. No podía avanzar ni retroceder. Sin embargo, Meowcher se encontraba en la peor situación. Su pelaje estaba cubierto de barro eructado, y éste la succionaba rápidamente bajo la superficie. Chilló, maullando pidiendo ayuda mientras su cabeza desaparecía, seguida en pocos segundos por la punta de su cola.

—¿Qué es esta cosa Keely? —ladró un Growler en pánico. Todavía luchaba frenéticamente con Red Chariot, su destino atado al arnés con cinturón—. ¡No puedo soltarme! —gritó mientras el barro seguía tirando de él—. ¡Usa tu mente, Keely! ¡Usa tu mente! —sus orejas manchadas permanecieron visibles por un momento, y luego también se invisibilizaron, junto con Red Chariot.

Keely también estaba siendo arrastrada hacia abajo, pero no tan rápido como ellos dos. Tuvo tiempo de agarrar la flor y olerla profundamente por un momento. Utilizó su mente para aplastar los temores de asfixia. A continuación, Keely se obligó a concentrarse, arrinconando los terrores, y consiguió mover con sus pensamientos a Meowcher y Growler, hundidos en el barro, que estaban a su lado. Sus fortunas estaban unidas. Keely se relajó entonces, cerró los ojos, tragó una última bocanada de aire y desapareció de la cueva en un monstruoso eructo de barro. Su mente se concentró en Crea, los arcoíris, las cascadas y los estanques de estrellas. En una sombra de conciencia, vislumbró una nube brillante que descendía y aspiraba los tres eructos.

Unos instantes después, los destellos restantes se apagaron en una ráfaga helada que barrió la cueva, sin dejar rastro de su presencia.

Capítulo Veintitrés

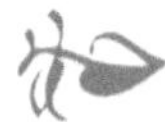

La parte eternamente eterna

En algún lugar de la Parte Eternamente Eterna, una pequeña grieta se abrió en el cielo, y tres salpicaduras muy fuertes se unieron al rugido. Salpicaron y chapotearon, uno a uno, en un estanque verde azulado frente a una ensordecedora pared de agua. La piscina era poco profunda, pero tanto Meowcher como, sobre todo, Growler, con Red Chariot todavía atado, lucharon por mantener sus cabezas por encima del agua. Tras el chapuzón, Keely se puso de pie, con las botas tocando fondo, agarrada aún a la flor. Se secó el flequillo que le goteaba de los ojos y localizó a Meowcher y Growler casi de inmediato. Después de vadear hasta Meowcher, le agarró un manojo de pelo de la nuca, de la forma en que solía coger y llevar a los gatitos o a los cachorros pequeños, y la sacudió un poco. Keely ayudó entonces a Growler con Red Chariot mientras remaba hacia la orilla, levantando a Red Chariot a la superficie del agua con una mano mientras seguía sujetando a Meowcher con la otra.

Dejándose caer cansados sobre la arena, los empapados amigos se giraron un momento hacia el sonido, y casi se les cortó la respiración. Frente a ellos se alzaba una cascada que caía entre las dimensiones del cielo y la tierra. Ni siquiera podían ver dónde empezaba: su labio altísimo tocaba un borde de estrellas sin nombre. El agua se precipitaba directamente desde lo alto del cielo; brillantes tonos azules, verdes y plateados, con un toque de fuego oculto que brillaba desde el otro lado de las cataratas, fluían en estruendosas ráfagas de lava y hielo unidos. Rayos de luna verde-naranja empañados se mezclaban con toques de fuego y diamantes congelados y colgaban en el aire, abrazando los bordes de las cataratas, rezumando del chaparrón que caía.

¡Guau!

¡Guau!

¡Me-ow! ¡guau!

Los tres juntaron sus pensamientos mientras sus párpados se abrían asombrados ante lo que sus mentes no podían contener.

—Eso sí que era barro. Nunca pensé que saldríamos vivos o que nos traería hasta aquí. Apuesto a que tus trucos mentales ayudaron mucho, Keely —dijo Meowcher muy aliviado—. Solo miren este lugar. Es posible que hayamos aterrizado en la Parte Eternamente Eterna. Ciertamente parece la parte Eterna, o como me lo imaginaba.

—Bueno —dijo Keely—, es un alivio que hayamos sobrevivido al charco de barro. Usé la mente en esa ocasión y me alegro de que funcionara. Todavía tengo el corazón acelerado. Creo que late más fuerte que un tambor en un circo. Es hora de relajarse un momento —concluyó, y cerraron los ojos para tranquilizarse y volver a concentrarse. Después de un rato, suspiró—: Vale, listos otra vez.

Meowcher habló primero.—Ahora todo lo que tenemos que hacer es encontrar ese pequeño valle del que habló Simon. ¿Qué quieren buscar primero, los árboles de la tristeza o la laguna especial?

—Ya que estoy familiarizada con los árboles, busquémoslos primero —sugirió Keely. De repente, a Keely empezó a picarle la palma de la mano; la flor aplastada en su puño cerrado empezó a hacerle cosquillas en los dedos hasta que abrió la mano. Mientras miraba sin pestañear, la flor cambió de forma: un montón de líneas azules zigzagueaban por los pétalos. Al depositarla con cuidado sobre un gran trozo de madera a la deriva junto al estanque, vio que las líneas, de hecho, no eran simples venas de un pétalo, sino estrechas marcas de un auténtico mapa del tesoro—. Parece que tenemos nuestras próximas instrucciones —dijo—. Es un mapa frágil, extremadamente delicado. ¿Ves los pequeños garabatos y cómo parecen lágrimas? Quizá sean los árboles que lloran. ¿Qué te parece? —Keely no estaba segura de haber interpretado correctamente los pétalos. Tal vez solo fuera una flor aplastada y su imaginación volviera a volar, como le gustaba decir a su madre.

Sin embargo, tanto Meowcher como Growler pensaron que merecía la pena comprobarlo. Meowcher fue la primera en detectar una posible cascada en el mapa, marcando el lugar donde se encontraban en ese momento, con símbolos curvos que se retorcían y ondulaban unos sobre otros. Si estaba en lo cierto, tenían un punto de partida. Después de revisar el mapa de pétalos y moverlo de un lado a otro para ver si se les ocurría alguna idea nueva, decidieron que la mejor manera de llegar a los árboles de la tristeza sería atravesar la cascada. A Keely le encantaba la expresión —por ahí —otra de las frases favoritas del abuelo, que utilizaba para describir el lugar de sus aventuras cuando se encontraba exactamente en medio de algo emocionante.

El mapa mostraba un sendero oculto que comenzaba en algún lugar detrás de la cascada y conducía al valle y a la arboleda. Keely se tragó sus dudas y se adelantó primero, seguida de cerca por Growler y Meowcher. Al acercarse a la cascada, Keely metió el brazo entre la niebla y el agua, luego un pie, después la cabeza y, por último, la atravesó del todo. A continuación pasó Meowcher, y en tercer lugar Growler y Red Chariot. Al otro lado, la niebla se cernía sobre el suelo en grumos, como nubes, cubriendo partes del sendero. Pero el camino era fácil de ver y el grupo no tuvo problemas para seguirlo lejos de las cataratas.

Avanzaron casi en silencio durante varios minutos, notando que la niebla verde anaranjada parecía crecer en altura y anchura a cada paso, hasta que les pareció que caminaban a cámara lenta por el interior de un túnel de nubes. No se dieron cuenta de que ni el sendero ni la niebla permanecían en el suelo donde habían empezado; viajaban hacia arriba, sin conocer la siguiente parada.

El camino terminó abruptamente; el borde del túnel se suavizó y se fundió en un acantilado suspendido de nubes y rocas. Sin saber qué esperar, se abrieron paso con cautela a través de la niebla que aún se cernía sobre ellos y se encontraron en un precipicio lleno de baches y rocas que dominaba otro valle lleno de árboles. Desde su posición, parecía que los árboles, cargados de brillantes frutos dorados y plateados, rodeaban un pequeño oasis de árboles de aspecto aún más extraño, acurrucados en el corazón del valle.

Keely se tomó un momento para examinar su mapa de pétalos, que señalaba que los árboles con lágrimas debían estar situados en el centro de un bosque de árboles inusuales, y el bosque que tenían justo enfrente ciertamente calificaba como inusual.—¿Qué tal si echamos un vistazo a los del centro, pandilla? —Keely propuso—. Puede que sean los árboles que estamos buscando.

Todos estuvieron de acuerdo y se dirigieron lo más rápido posible hacia el oasis, todavía a pie y con las patas, ya que aún no habían recuperado la capacidad de volar. Se detuvieron un momento para contemplar la variedad de frutas incrustadas y estrelladas que colgaban de las ramas. Había demasiados tipos de formas y tamaños para contarlos: redondos, cuadrados, rectangulares, triangulares, ovalados, planos, gordos, incluso cubitos de hielo. Y todas y cada una brillaban con un resplandor y una luz incomparables a los de la estrella más deslumbrante, incluso a los de esas famosas estrellas congeladas que se veían nevar en el cielo bajo la luna llena de invierno.—Son demasiado bonitas para escogerlas —suspiró Keely para sí misma—, además de que no se parecen en nada a las lágrimas.

Al cabo de unos minutos, entraron en el corazón del valle y vieron el oasis frente a ellos. Era una pequeña arboleda de árboles que crecían en la arena de color bronce y rojo chispeante. Algunos tenían troncos nudosos con ramas espinosas y espinosas, corteza amarillenta y hojas diminutas, y otros tenían delicadas flores pálidas de color blanco amarillento con centros rojos que brotaban en largas ramas por todo el árbol. En cada árbol se agrupaban matas en forma de lágrima, que salían llorando de sus troncos. Uno tenía lágrimas amarillas y marrón rojizo, como la corteza, y en el otro, las lágrimas eran blanquecinas, de un ámbar translúcido salpicado de polvo dorado. Un aroma místico que parecía provenir de la arboleda impregnó el aire y cosquilleó los sentidos del grupo, haciéndoles cerrar los ojos e inhalar profundamente, dejando de mirar el tiempo por un momento. En una repentina oleada de pétalos de arcoíris pintados a mano -de origen desconocido- que se derramaban por el suelo, todos los miedos y preocupaciones abandonaron al trío a medida que se acercaban a la arboleda.

Moviéndose suavemente como dentro de un susurro, Keely alargó la mano para arrancar lágrimas de uno de los árboles de corteza amarilla, pero antes, recordando a Will, pidió permiso con el pensamiento. *Por favor, señor árbol, me llamo Keely. No sé cómo te llamas, pero me gustaría que una de tus lágrimas me sirviera de medicina para ayudar a Crea. Espero que no te importe demasiado.*

Las hojas del árbol empezaron a crujir ruidosamente como si estuvieran atrapadas en una tormenta de viento, una baja vibración zumbó en el aire y un zumbido lírico y jadeante rozó sus labios y pasó por sus ojos antes de posarse en sus oídos.—No me importa, Keely. ¡B-zzzing! Coge todas las que necesites. Me llamo Myrra, señorita Myrra. Puede que empiece a llorar un poco, pero no te preocupes. B-zzzing. ZZing. Quiero ayudarte tanto como pueda. Por favor, tenga cuidado con mis espinas —Keely procedió a cosechar dos grandes lágrimas. Las lágrimas eran casi imposibles de romper, y tanto Meowcher como Growler añadieron sus garras y dientes al esfuerzo antes de finalmente tener éxito. Casi de inmediato, un líquido amarillo comenzó a fluir de las heridas, y todos oyeron los gemidos—. ZZingring, tingring —la señorita Myrra sentía un gran dolor.

—¿Qué podemos hacer para ayudar a la señorita Myrra? —gritó Keely—. No quería hacerle daño.

—Ya sé qué hacer —respondió Growler—. Todavía tenemos un poco de la miel del arcoíris que usaste para curarme. Tal vez detenga el dolor. Está en el cubo del Red Chariot.

—Gran idea —dijo Keely. Meowcher cogió el cubo y se lo acercó. Keely cogió un buen puñado y lo puso directamente sobre los cortes. Meowcher lo lamió en las profundas grietas de la áspera corteza para que ninguna parte quedara expuesta. Los gemidos cesaron y todas se apoyaron en el tronco de la señorita Myrra para darle un fuerte abrazo—. Muchas gracias, señorita Myrra.

—No, Keely, ha sido un honor ayudarte. Me pondré bien. La miel cura mis heridas —y su zumbido los inundó a todos con un sentimiento de esperanza de que todo iba a salir bien.

Luego se acercaron al otro árbol de las penas y, antes de que pudieran pedir permiso, una voz grave, que retumbaba como piedras cayendo en una avalancha o en un volteretero de la clase de ciencias, retumbó:—Soy Franki, brockru ckru ekrudo- Quiero decir... adelante, llora lo que necesites, Keely. Yo también quiero ayudar a Crea.

En cuanto terminaron de arrancar las lágrimas del tronco de Franki, cubrieron los cortes con la miel restante, y tanto Meowcher como Growler la lamieron en cada rincón de la piel desgarrada del árbol. Franki exhaló un profundo y ronco suspiro sobre ellos cuando el dolor desapareció, llenándolos de nuevo valor. Los amigos terminaron dándole un fuerte abrazo a Franki. Keely colocó con cuidado las cuatro preciosas lágrimas en el Red Chariot y sacó su mapa para comprobar su próximo destino, el Estanque de las Esperanzas y los Sueños.

Capítulo Veinticuatro

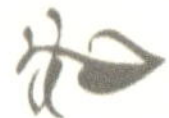

Piscina de esperanzas y sueños

Keely estudió el mapa con atención durante varios minutos, tratando de localizar la piscina.

—Bueno, parece que la piscina está en algún lugar debajo de la cascada —dijo—. No estoy muy segura de cómo se supone que tenemos que llegar, pero creo que tenemos que retroceder y empezar por detrás de la cascada. ¿Alguien tiene otra idea? —preguntó. Tanto Meowcher como Growler se asomaron por encima del hombro de Keely y miraron con ella el mapa. Los dos estaban de acuerdo en que el Estanque de las Esperanzas y los Sueños estaba en la zona de las cataratas, pero creían que el mapa mostraba un posible atajo. Les parecía que podían salir del valle arbolado, dirigirse hacia el sur, atravesar una pequeña cresta de montañas y terminar donde habían empezado. Una vez que llegaran a la cima de la cascada, podrían averiguar la ubicación exacta del estanque.

Keely discrepó, señalando que sabían cómo salir del valle; lo único que tenían que hacer era volver sobre sus pasos exactamente igual que cuando entraron. Si tomaban otra dirección, podrían perderse. Sin embargo, sometió a votación la dirección del viaje. Terminó dos a uno a favor de ir hacia el sur.

—Vale, chicos, ustedes ganan —dijo—. Lo haremos a su manera —al instante, comenzaron a caminar rápidamente a través de las dunas del oasis, y Keely se detuvo un momento y recogió más arena roja, guardándola en el bolsillo de sus vaqueros desgastados y bastante sucios—. Esto también se parece a la arena del abuelo. Nunca se sabe cuándo puede ser útil.

Siguieron hacia el sur a través de la arboleda de relucientes árboles frutales cubiertos de una plumosa bruma verde, naranja y plateada. La niebla se disipó lentamente y llegaron a una bifurcación del sendero. No sabían qué camino tomar, pero Keely se dio cuenta de que el de la izquierda era mucho más escabroso y empinado que el otro. Había un montón de cantos rodados y rocas escarpadas que sobresalían de la maleza, mientras que el otro sendero estaba hecho de arena dura y pequeños guijarros de grava. Parecía una decisión instantánea tomar el sendero más fácil, pero cuando Meowcher se puso delante para liderar, fue literalmente derribada por unas vibraciones negativas que palpitaban en el camino.—Hmm, no estoy segura de qué es esto, pero no creo que este sea el camino —siseó—. No hay más que ver la reacción de mi pelaje. Es mejor elegir el otro.

Estoy de acuerdo, pensaron Keely y Growler juntos.

Parece que el pelaje de Meowcher sintonizó con el tenedor áspero, pensó Keely. *No necesitamos más problemas*. Y todos se desviaron hacia la izquierda.

Se convirtió en un reto cada vez mayor con el Red Chariot, intentando pasar la carreta por encima de todas las grandes rocas. De las rocas parecían brotar ramas afiladas y espinosas que mordían a todo el mundo. Keely empezó a improvisar una melodía para mantenerles el ánimo, y la cantaron con la melodía de —El viejo MacDonald.

—El viejo Oucher Witchy tenía un asqueroso pegajoso, E-I-E-I-O.

Con un ow, ouch aquí. Y un ¡ay, ay ahí! Aquí un ay. Allí un ay. Por todas partes un ay, ay—. ¡Repitan todos el estribillo! —gritó Keely.

—Aquí un ay. Allí un ay. Por todas partes un ay, ay— cantaron y rieron todos juntos.

Siguieron cantando y riendo mientras salían lentamente del valle. Tras varias horas de lucha, por fin llegaron tambaleándose, uno a uno, a lo alto de la cresta. Cuando miraron hacia atrás, hacia el bosquecillo de sauces, lo único que se veía era una espesa niebla que cubría toda la zona, con destellos de luz solar que parpadeaban en los frutos brillantes que aún asomaban entre la bruma.

El grupo se sentó con cuidado en las puntas más romas de las rocas dentadas y descansó unos minutos antes de reanudar el camino. Al examinar el sendero que acababan de recorrer, se dieron cuenta de que estaba completamente cubierto de rocas, peñascos, palos y arbustos espinosos como plantas rodadoras. Cada uno dejó atrás algunos trozos de sí mismo, desde el pelaje de Meowcher y Growler hasta hilos de la camisa y los vaqueros de Keely. Todos suspiraron al unísono, aliviados de que la parte más difícil hubiera terminado, o eso creían.

Levantándose y estirándose sobre las puntas de los pies, o de las patas, empezaron a avanzar de nuevo y se dieron cuenta de que una nube plateada colgaba silenciosamente, directamente en su camino sobre todo el sendero. Keely respiró hondo y se metió primero en la nube, seguida de Growler y luego de Meowcher.

—¡No veo nada! —gritó Keely.

—Yo tampoco —gritó Growler.

—Yo tampoco —añadió Meowcher mientras saltaba a la nube.

Era como caminar en una gruesa almohada, completamente ciegos, con solo un cojín blanco grisáceo delante, detrás, encima y debajo de ellos.

—Creo que veo un poco de luz —dijo Keely—. Quizá ya casi hayamos atravesado este malvavisco.

Tras fracasar en su intento de apartar la nube con la mano, Keely atravesó lentamente el pequeño rayo de luz.—¡Guau! —gritó con fuerza con la boca y la mente al mismo tiempo—. Tienes que estar de broma.

Wo-ow-bow, pensó Growler.

—Idem wo-ow-me-ow-wow —dijo Meowcher.

Se pararon en un pequeño saliente de guijarros crujientes en la cima de la cascada. Los colores los enrojecieron con la luz -primero los ojos y luego los labios, los hombros, las piernas y los dedos de los pies-, bañándolos con la sensación de nadar en medio de la lluvia que caía mientras permanecían congelados en un borde. El estante era una piedra de joyas líquidas, como esmeraldas, rubíes y zafiros, que se aplastaban pero se arrugaban bajo sus pies, parpadeando llamas congeladas de luz. Pero lo verdaderamente asombroso era que la cascada tenía dos caras. Caía por dos lados. Uno desembocaba en el estanque donde el trío había aterrizado por primera vez al entrar en la Parte Eternamente Eterna, y el otro desembocaba en un oscuro túnel en el lado opuesto.

—Bueno, creo que el camino a seguir es bastante obvio, ¿no? —preguntó Keely.

—Sí —suspiraron los otros dos.

Meowcher añadió:—Hemos estado en uno, pero no sabemos qué hay en el fondo del otro.

—Antes de intentar montar en la cascada, desengancharé el Red Chariot y me encargaré de ello —dijo Keely—. Creo que tanto tú como Meowcher necesitarán todo su ingenio, en caso de que necesiten nadar. También voy a atar todas las cosas en Red Chariot para que no perdamos nada. No sabemos si será una piscina poco profunda como en el primer lado, donde fue fácil encontrar todo lo que se cayó cuando aterrizamos —Keely procedió a liberar a Growler del Red Chariot. Luego se quitó la chaqueta de flecos y ante, las botas y los calcetines dobles y los colocó en el carro. A continuación, aseguró los objetos sueltos con unas tiras de arcoíris y tarareó para sí una canción tranquilizadora mientras se preparaba para saltar al túnel de la cascada.

—Saben, chicos, me lo estoy replanteando —dijo—. Quizá sea mejor idea si voy yo sola y ustedes dos esperan aquí hasta que averigüe si es seguro o no. Si no te envío ningún pensamiento mental en unos minutos, entonces puedes volver con Simon y Deseasueños, y ellos pueden ocuparse de que llegues bien a casa. No quiero ponerte en más peligro, y no estoy muy seguro de saltar a esta cascada.

—¡No! Ni hablar. No vas a ir sola. Estamos juntos en

esto —gritaron Meowcher y Growler—, ¡te guste o no!

—Somos un equipo, y eso es definitivo —añadió Meowcher—. Nos damos fuerza unos a otros cuando todos lo necesitamos.

—Sí, tienes razón —coincidió Keely—, solo quiero que todos estemos a salvo, pero hagámoslo juntos. Quiero mirar mi mapa una vez más, para estar doblemente segura —sacó la flor arrugada y ocurrió algo extraño. Intentó desplegar el mapa, pero no se desplegó. En su lugar, se transformó en una enorme flor—. Vale, esto se está volviendo realmente extraño —dijo Keely—. Me pregunto qué significa esto —la pregunta apenas estaba en el aire cuando los tres pensaron juntos la respuesta.

Oler la flor, y lo hicieron, todos al mismo tiempo. No hubo tiempo para segundos pensamientos ni para que el miedo entrara en sus mentes. Al oler la flor, el grupo saltó al túnel de la cascada y aulló con todas sus fuerzas—: ¡Yahoo! ¡Allá vamos!

Se deslizaron y resbalaron juntos, chillando y gritando mientras se retorcían, giraban y rodaban una y otra vez, tanto de lado como de cabeza. *Es salvaje dar volteretas por una cascada,* pensó Keely. Se soltó del Red Chariot en la primera voltereta y fue lo único que consiguió flotar sin volcar ni una sola vez.

Las volteretas y los giros cesaron cuando cayeron al agua. Hubo cuatro fuertes salpicaduras cuando, una vez más, los tres, más Red Chariot, aterrizaron en una laguna, esta vez de fuego y hielo. Las paredes de la laguna estaban literalmente incrustadas de diamantes, y el resplandor del sol en lo alto hacía que pareciera que el agua estaba ardiendo. El cansado grupo remó hasta la orilla, y Keely empujó a Red Chariot delante de ella. Cuando llegaron a la pequeña franja de playa y empezaron a secarse, examinaron los alrededores. El túnel de la cascada se alzaba a un lado, detrás de ellos, y delante se extendía una zona pantanosa, cubierta de nubes bajas, multicolores y difusas. A izquierda y derecha había manchas de arena roja que desembocaban en otro grupo de árboles peculiares, pero éstos tenían troncos delgados con rayas naranjas y rojas y ramas de hoja perenne de gran tamaño en un solo lado, que se agitaban ligeramente con la brisa. Todas las ramas en forma de brazo apuntaban hacia el mismo lugar, un pequeño claro al final de la franja de arena roja—. Hmm, incluso la arena apunta hacia allí, como una flecha roja. Podría ser la señal final —comentó Keely—. Después de comer un bocadillo, vamos hacia allí.

Cuando llegaron al claro, descubrieron un pequeño estanque con el agua más clara y azul imaginable. Burbujeaba, respirando como si estuviera viva, y pequeños guijarros blancos salpicaban la arena de plata pura que la rodeaba. Una red de malla plateada muy fina, no muy distinta de la tela del bolso de la abuela que Keely rescató una vez del saco de Goodwill, cubría el agua por completo. A un lado de esta red colgaba un gran candado.

—Oh, no. Otro candado sin llave, no —dijo Keely—. Hmm. ¿Dónde está la llave? Definitivamente ahora tenemos mucha experiencia con cerraduras desconocidas. Tenemos que examinarla y ver si reconocemos la forma—después de estudiar la cerradura durante unos momentos, Meowcher reconoció primero el patrón. Parecía un delgado trozo de alambre plateado que giraba en espiral hasta llegar a un

—Es salvaje dar un salto mortal por una cascada.

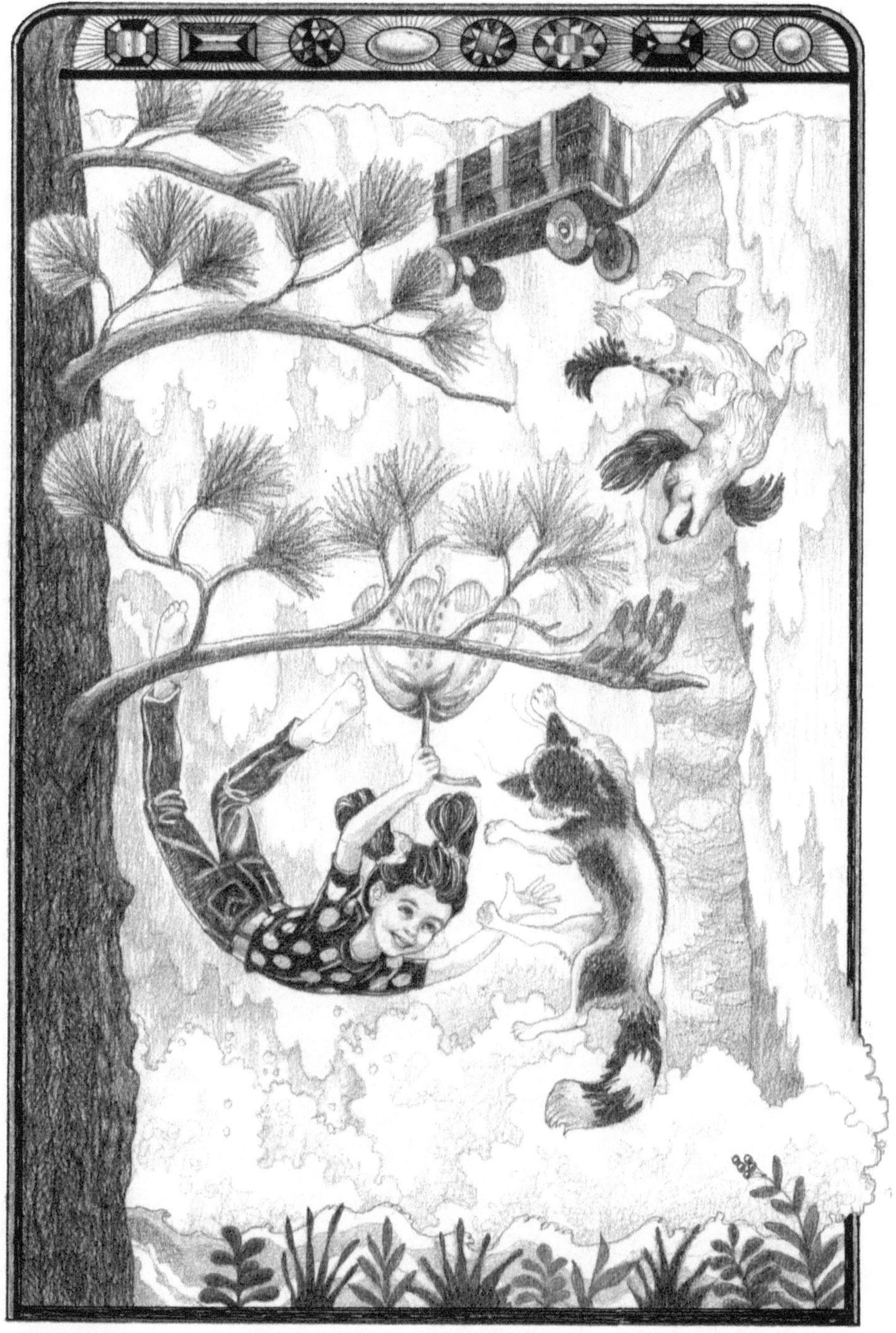

pequeño punto en el centro de la cerradura.

—Yo conozco este diseño —dijo Meowcher—. Le pongo arcoíris todo el tiempo. El broche de mi bufanda se ve así en el espejo. Apuesto a que es la llave.

Y lo era.

Keely retiró con cuidado el alfiler del cuello de Meowcher y lo introdujo en la cerradura. Lo giró con cuidado y lentamente hasta que encajó en su sitio. Una vez que las dos espirales del sacacorchos se agarraron entre sí, intentó tirar de él hacia arriba y sacarlo de la piscina, pero no pasó nada. Los dos tirabuzones metálicos se deslizaban juntos, atascados. A continuación, intentó empujarla y girarla hacia la red, y las piedrecitas moradas empezaron a brillar. Por fin se abrió con un fuerte chirrido y varios chasquidos de metal raspando, que a Keely le recordaron el ruido que hacía cuando no alcanzaba la pizarra con el borrador y la raspaba con la uña.

Juntas enrollaron la red de malla plateada y se quedaron contemplando el borboteo del agua durante unos instantes en silencio. Era tan profunda que, aunque el agua era transparente, no se veía el fondo. A sus oídos llegaban sonidos apagados de arpas y flautas que les resultaban inquietantemente familiares.

—Bien, chicos, el objetivo es coger toda el agua que podamos cargar. Tenemos que usar todo lo que tengamos para hacer recipientes —anunció Keely. Primero, rellenaron el cubo de plástico. Todavía tenía algunas manchas pegajosas de miel de arcoíris adheridas a los lados, pero no lo enjuagaron, pensando que un poco de miel no dañaría el agua y tal vez aumentaría sus poderes curativos.

—Podríamos poner mucha agua en el tarro de Kool-Aid, pero todavía tiene unas cuantas escamas de dragón, incluidas algunas doradas, y no estoy seguro de qué hacer con ellas. No quiero liberar otro Dragón de Fuego Dorado. Me temo que si las ponemos en la arena podrían empezar a crecer de nuevo —después de concentrarse en el problema durante unos minutos, tuvo una sugerencia—. ¿Quizás si echamos un poco de agua en las escamas del Estanque de las Esperanzas y los Sueños, se aplastará el fuego del dragón?

Decidieron que lo mejor sería probar primero el plan en la escama más pequeña. Keely sacó una escama roja del frasco, la colocó sobre las piedras blancas que rodeaban el estanque y le echó un poco de agua del cubo. Ocurrió algo extraordinario: la escama de dragón empezó a desaparecer ante sus propios ojos. Se desvaneció y se fundió con las piedras blancas, y pequeños trozos fueron absorbidos directamente por la arena plateada. Procedieron a fundir las demás, de una en una, hasta que no quedó ni rastro; todas las señales de los dragones malvados habían desaparecido, esperaban que para siempre.

Keely enjuagó bien el tarro de Kool-Aid, colocó dentro una lágrima de la señorita Myrra y otra de Franki, y siguió añadiendo agua hasta que no pudo contener más. Meowcher agitó el tarro de un lado a otro hasta que las lágrimas se disolvieron en el líquido, tiñéndolo de un azul amarillento. Keely enroscó la tapa con fuerza para mantener a salvo hasta la última gota. Luego vertieron varios cubos más llenos de agua en el compartimento trasero del Red Chariot, desbordándolo. Las dos lágrimas de más que quedaban en Red Chariot se licuaron lentamente en la esquina del vagón.

—Ojalá hubiera otro lugar donde pudiéramos guardar parte de este tesoro —dijo Keely.

Bajó la mirada hacia sus botas vaqueras verdes y oyó una voz lejana que agitaba repetidamente su oído:—Encuentra el fondo. Ahí está la pista.

—Vale, creo que ésta es la respuesta: las líneas que faltan —suspiró Keely para sí misma. Primero se quitó las botas y los calcetines, luego la chaqueta, se arremangó los vaqueros y se zambulló de cabeza en el estanque de las esperanzas y los sueños. El agua estaba caliente y fría al mismo tiempo; burbujas del tamaño de un champán le hicieron cosquillas en la nariz y estornudó. Respiró hondo, contuvo el aire e intentó nadar hasta el fondo con los ojos bien abiertos. Bajo el agua ocurrió algo extraño: empezó a llorar aunque no se sentía triste. Las lágrimas brotaron de lo más profundo de su ser, de la piscina secreta donde su abuela le había enseñado a esconder su dolor para ahogar todas las palabras hirientes, para enterrar sus penas. Las gotas de lágrimas se mezclaron con las aguas azules, brotando hasta que su piscina interior de tristeza quedó completamente vacía. Keely se sintió desahogada, renovada; sus miedos encerrados, su dolor y su soledad se liberaron.

Siguió acariciando con estilo libre, más allá de las místicas rocas de color rojo púrpura que brillaban a su alrededor, y sus dedos tocaron el fondo de guijarros. Los ojos de Keely dejaron de llorar; en su lugar, el agua se deslizó en ellos y las lágrimas fluyeron hacia el interior, llenando su recién vaciada piscina interior con nuevas esperanzas y sueños. Las líneas borrosas del pergamino melodiaron su mente:

Las lágrimas derriten los corazones de piedra
Sabrás que
Hagas lo que hagas
Vayas donde vayas
La respuesta eres tú
La respuesta eres tú

Se impulsó con ambos pies desde abajo, con todas sus fuerzas, y salió disparada hacia arriba. Exhalando de golpe en un estallido de burbujas y risitas, Keely salió a la superficie y se encontró con dos caras preocupadas que la miraban desde sus lugares en la arena rocosa.

—Creíamos que te habías ahogado. Llevabas tanto tiempo ahí abajo que estábamos muy preocupados —dijeron Meowcher y Growler—. ¿Estás bien?

—Estoy de maravilla. Esta sensación es la mejor de todas —rió Keely. No entendía muy bien lo que le acababa de pasar, pero sabía que estaba diferente, como si todos los problemas del mundo se le hubieran quitado de encima.

—Es hora de volver a casa —dijo Keely—. Hora de volver a hacer reír a Crea.

Las lágrimas fluyen en el estanque
de las esperanzas y los sueños

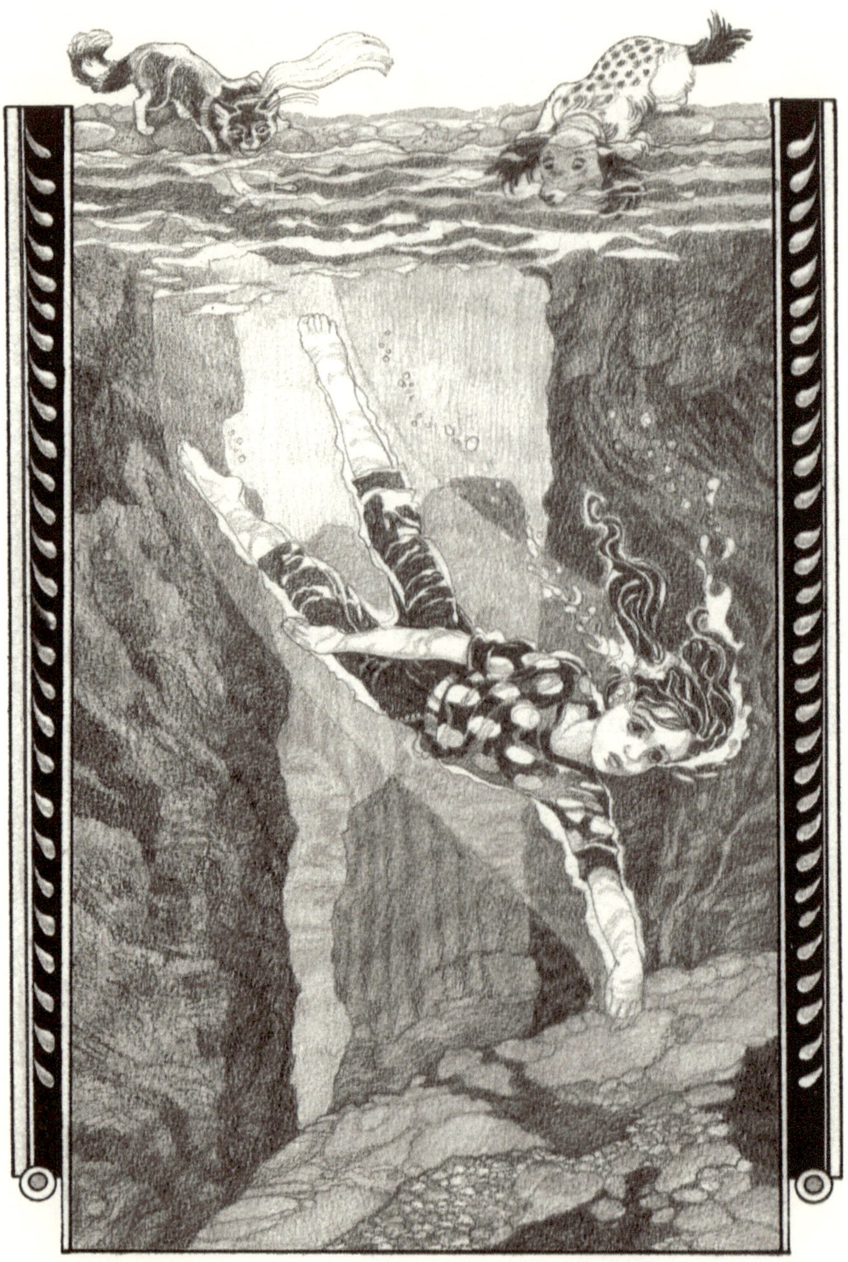

Capítulo Veinticinco

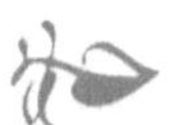

Flauta olvidada - Notas perdidas Encontradas

Maggie pasaba todo el tiempo en los establos, ya que el estado de Crea seguía empeorando. Su respiración era agitada y superficial, y cada vez que levantaba el pecho se oía un fuerte traqueteo. Crea estaba cubierta con mantas y Maggie le masajeaba las piernas, la espalda y el cuello cada hora, intentando desesperadamente quitarle las manchas amarillas que se extendían y brillaban. Buscó y encontró su olvidada flauta de plata en una polvorienta maleta del desván, la flauta que no había tocado en años. Maggie esperaba que el susurro de las notas perdidas pudiera aliviar el dolor de Crea como antes lo había hecho con el suyo. La flauta había sido originalmente de su abuela, y su madre la había encontrado y le había enseñado a tocarla después de que Mariah se marchara. Era una de las pocas cosas que habían traído alegría y paz a Maggie después de renunciar a Mariah. Sin embargo, hacía años que estaba olvidada y guardada en el desván, empañándose y acumulando polvo junto con los recuerdos y sueños perdidos a su alrededor. Maggie no estaba segura de por qué había pensado en la flauta; se le ocurrió de camino a los establos en medio de un aguacero, inundándola de sentimientos felices. Se desvió del camino hacia Crea, fue directamente al desván y buscó frenéticamente entre bolsas, maletas, cajas de juguetes viejos y baúles de ropa elegante desechada en tiempos pasados. Por fin, Maggie encontró el tubo deslustrado en la maleta más pequeña, llena de su flauta y de las muñecas Muffie, sus favoritas de antaño, con los brazos y las piernas de plástico duro y bandas de goma desprendidas, y los ojos pestañeados que aún parpadeaban.

Pulió la flauta hasta que volvió a brillar, la llevó a los establos y se la llevó a los labios. Al soplar sobre la boquilla, Maggie cerró los ojos y un torrente de notas melodiosas llenó silenciosamente la silenciosa habitación, bañando a Crea con un capullo de amor, desvaneciendo las manchas durante un breve espacio de tiempo y calmando y acallando el dolor que se filtraba en cada respiración. Maggie siguió tocando hasta que las sombras volvieron a llenar los rincones de la noche. Dejó la flauta sobre la mesita y se dirigió a la casa y a su dormitorio, mientras sus lágrimas de dolor se mezclaban con el golpeteo constante de la lluvia.

No entró en la sala de estar y nunca se dio cuenta de que las arenas rojas del reloj de arena casi habían desaparecido. Los pocos granos que quedaban, aferrados obstinadamente a la parte superior del vaso, se deslizaban lentamente uno a uno por el esbelto cuello, uniéndose a la duna amontonada que se acumulaba en el fondo.

Maggie intentó enviar un mensaje a Keely con sus pensamientos. *Por favor, Keely, ven pronto. Crea te necesita. Yo te necesito. Te quiero.*

Si hubiera escuchado con atención, habría oído las palabras susurradas una y otra vez por el viento:—Ya vamos, Crea. No te rindas. Llegaremos pronto. Te queremos.

Capítulo Veintiséis

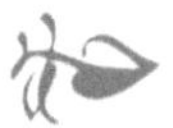

Viaje a casa

Salir de la Parte Eternamente Eterna fue mucho más fácil que entrar en el valle. Al oír una vez más el murmullo del viento—: Planta una flor en la arena, riégala y mira cómo crece—Keely siguió el consejo. Buscando en su bolsillo trasero, sacó los restos de las dos últimas flores que habían recogido hacía tanto tiempo. Meowcher y Growler cavaron rápidamente un hoyo en la arena roja y Keely colocó en él los pétalos triturados, cubriéndolos con arena y guijarros blancos. Juntó las manos, sacó agua del estanque plateado y la vertió sobre las flores enterradas. Inclinándose hacia el montículo de rocas, barro y arena, besó la brisa y la sopló sobre el suelo.

—Ya vamos, Crea. No te rindas. Llegaremos pronto. Te queremos —su mensaje llegó en los vientos de espera directo a Crea.

Poco sabían que el reloj de arena gigante seguía deslizando sus últimos granos de arena hasta la mitad inferior del cristal El tiempo se agotaba para Crea, y ellos no lo sabían.

El equipo observó atónito y maravillado cómo un cuerno en espiral con forma de Matterhorn se retorcía entre el barro y la arena amontonados. Esta vez, sin embargo, no creció en el aire, sino que se enroscó en el suelo, excavando más profundamente en la arena y arrojando tierra y rocas por todas partes mientras se abría camino fuera del valle. El cuerno era único, una mezcla de plata y oro con curvas encostradas con ese exquisito hielo glaciar azul, del tipo que el abuelo decía que había encontrado al escalar glaciares. Decía que los trozos se desprendían y dejaban al descubierto cuevas de hielo azul fundido, frío al tacto, pero abrasador al tacto, resbaladizo, liso y también dentado. Mientras seguía avanzando hacia su destino, el fondo se desprendió de la Parte Eternamente Eterna y el cielo azul brotó por la grieta. El cuerno no cayó a través de la nueva claraboya, como cabría esperar, sino que quedó suspendido en silencio, esperando en la bolsa circundante de estrellas que estaban despertando, comenzando su centelleo para la noche.

Una ráfaga de aire exterior llegó desde más allá de Eterna, por encima de los rostros asustados. En menos de un abrir y cerrar de ojos, menos del tiempo que se tarda en pintar el cielo con los dedos, la sensación de urgencia se inmiscuyó en sus pensamientos. La piel se erizó en la nuca de Growler y Meowcher, y los brazos de Keely, una vez más, se pusieron de gallina de miedo.—Oh-oh. Oh-oh. Tenemos que darnos prisa y más rápido —susurraron juntos.

Pareciendo saber qué hacer, sin siquiera discutirlo primero, Keely tiró del Red Chariot hacia la división en el cielo, le pidió a Meowcher que saltara sobre su hombro y a Growler que saltara al medio y se sentara detrás de ella. Era un ajuste apretado, aplastándose en el carro, sin sentarse en su carga de agua. Manteniendo el equilibrio con cuidado, con un pie todavía en el borde del agujero, Keely se sentó en la parte delantera del Red Chariot y metió la manivela -su volante- para deslizarse por las curvas de la montaña rusa del cuerno helado del unicornio.

—¡Yupi, Kai Yea! Allá vamos —rió, empujando con el pie, desde el borde encostrado con toda la fuerza posible, saliendo a toda velocidad del valle oculto con el Estanque de las Esperanzas y los Sueños. Estuvo a punto de ocurrir un desastre cuando Keely se desvió de un lado a otro, tejiendo un rastro salvaje en el camino hacia el fondo; Red- Bobsled Chariot, un apodo temporal, casi volcó, como un bobsled de verdad. Growler salió rebotando, pero sus dientes se cerraron con fuerza en el lateral del vagón y su cola picó al viento. El cubo de la playa se inclinó hacia un lado y salió un poco de agua, pero cuando el Red-Bobsled Chariot se enderezó, Growler, y la mayoría de las gotas, volvieron a caer dentro, durante el aterrador descenso.

En la punta -la afilada broca de la trompa- derraparon y se detuvieron, aterrizando con suaves saltos en una masa de nubes cubiertas de helado, aún lejos de su destino. Se tomaron unos instantes para asegurarse de que todo el mundo estaba bien y se rieron de lo que vieron. Tanto Meowcher como Growler tenían el pelo y los bigotes de punta, y todos los pelos se erizaban en el aire. Lo mismo ocurría con Keely, incluso sus cejas intentaban llamar la atención.

Meowcher saltó del hombro de Keely, separando cautelosamente sus garras del cuello de la camisa de Keely, olfateó el aire con cautela, y luego se tambaleó en el borde del cono de nubes e hizo un descubrimiento sorprendente.

—Vengan a ver esto. Miren lo que he encontrado —ronroneó en un ritmo lento y sincopado.

Tres pares de ojos se dirigieron a la vez hacia la esquina del cono y divisaron un rollo de cinta arcoíris recién cortada. Nadie tenía ni idea de dónde había salido la cinta arcoíris ni por qué estaba almacenada en aquella nube. Sin embargo, sin hacer preguntas, Keely empezó inmediatamente a desenredar tiras y a enrollarlas firmemente alrededor de las ruedas, la carrocería y el asa del Red Chariot. Algunos trozos de nube se enredaron tanto con las cintas arcoíris que Keely dejó que se quedaran, unos cuantos bultos que se aferraban obstinadamente a la parte inferior del Red Chariot. A continuación, enhebró tiras a través de los pasadores de bufanda recuperados de Growler y Meowcher, sus papeles como llaves completados por ahora, y enganchó a Growler al arnés del Red Chariot una vez más. Keely se tomó unos segundos para alisar el pelo de todos, incluido el suyo, y ordenó a su grupo.

—Listos para volar —dijo—. Es hora de surcar los cielos. Nos vamos a casa —no había lugar a dudas sobre si las cintas arcoíris frescas volverían a funcionar a este lado de Siempre. Keely respiró hondo y abrió los ojos de par en par, sus pensamientos mentales alimentando su vuelo. Despegaron juntas hacia la puesta de sol que desaparecía y una luna anaranjada, brillante, llena, creciente y estable, quieta y expectante.

Keely iba en cabeza, seguida de Meowcher y luego de Growler tirando de un carruaje rojo cargado y lleno de agua, viajando lo más rápido posible. Tal vez porque intentaban llegar a casa lo más rápido posible, tal vez porque todos estaban muy cansados de su aventura, tal vez solo porque, nadie se dio cuenta de que la Goma de Mascar púrpura que tapaba los agujeros del carro se estaba despegando, y preciosas gotas de agua goteaban por debajo del carro, cayendo en el cielo sombrío. La esperanza se escapaba.

Capítulo Veintisiete

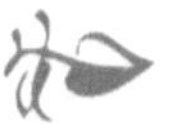

Reecuentro

Tres corazones tamborileaban juntos, cada vez más fuerte—: Crea. Crea. Crea —a medida que se acercaban, las sombras neblinosas de color verde púrpura se acercaban aún más a las Great Smokey Mountains, donde Cootersville soñaba. Justo cuando Growler cruzó volando la frontera de su ciudad natal, las últimas gotas de esperanza se escurrieron del Red Chariot, atiborrando los bultos de nubes ahora negras como el carbón que aún se agarraban a su parte inferior. Eran los mismos trozos de algodón que Keely había atado accidentalmente a la carreta con las cintas arcoíris, así como otros trozos recogidos durante el vuelo, que se pegaron al fondo del Red Chariot. Los grumos se abultaban, rellenos de gotitas, y la pandilla seguía sin darse cuenta de que existía un problema. Mientras volaban hacia los establos, los grumos de nubes se aflojaron, cayendo cada vez más bajo hasta que los últimos dedos emplumados de las nubes soltaron su agarre, liberándose por fin del Red Chariot. Quedaron a la deriva un momento, suspendidos, vacilantes por el peso de la preciosa carga que llevaban dentro. Pero la carga era demasiado pesada; no podían contener la lluvia. Primero, escupieron solo unas pocas briznas, a trompicones, y luego, como estaban hinchados a reventar, esparcieron su tesoro silenciosamente por el valle dormido.

Si tan solo sus ojos hubieran seguido las gotas que caían, habrían sido testigos de algo asombroso, como solía decir la abuela cuando los pensamientos hermosos le llegaban al alma. Las gotas caían sobre los montones de basura y cristales rotos sin recoger y los hacían desaparecer; campos de hierba y flores silvestres aparecían en los solares vacíos, llenos de suciedad y vertederos. Bancos de parque arreglados, casas pintadas, ventanas limpias y parques y laderas florecidos con rosas, tulipanes, jazmines y otras flores desconocidas quedaron al paso de la lluvia. Delante de la oficina de correos, una hilera de macetas de latón colgantes brillaba y había perdido décadas de lustre. Y en el guiño del primer amanecer, las fucsias de color rosa púrpura desbordaban las macetas; senderos de flores bailaban y saltaban a través de las sombras iluminadas por el sol y se enroscaban en el suelo. Muy por debajo, en el viejo jardín de Abuelita, una gota caía sobre la fuente rota. El pequeño unicornio de mármol, de un blanco puro, se volvió dorado; su cuerno se inclinó ligeramente y las grietas desaparecieron, escupiendo de nuevo agua hacia el cielo iluminado por la luna. El gorgoteo de su risa rebotó en estrellas ocultas, y la placa de bronce, pulida hasta el brillo, reveló palabras que se creían perdidas:

Los sueños, las esperanzas y los deseos se hacen realidad. Cree que –im-posible es-posible.

Cientos de farolas rotas empezaron a titilar de nuevo. Los buzones metálicos de colores brillantes se erguían y las banderas rojas se plegaban crispadas a un lado. Las esquinas de los gordos sobres sobresalían, indicando la llegada del correo. El pueblo se puso la carne de gallina, conmocionado, temblando de alegría, vivo de nuevo, lleno de esperanzas y sueños.

Al aterrizar a las afueras de los establos, el equipo vio inmediatamente que Red Chariot ya no estaba lleno de agua y que el Bubble Yum, ya no se extendía sobre los agujeros. Oh no, pensaron juntos.

—Está bien —dijo Keely—. Era el agua sobrante. Seguro que tenemos suficiente para Crea en el cubo y el tarro de Kool-Aid —no se dieron cuenta de que la valla del corral tenía una capa fresca de pintura blanca, de que en el corral florecían revoltijos de flores silvestres, ni de que un cojín tejido con la hiedra más verde asfixiaba la parte superior del establo, por encima de las puertas de lúpulo.

Me pregunto dónde estará mamá. Pensé que nos oiría llegar. Sé que se quedaba con Crea. Keely se preocupó en sus pensamientos, que fueron oídos tanto por Meowcher como por Growler.

Cogiendo el tarro y el cubo de Kool-Aid, la pandilla se apresuró a entrar en los establos. Estaba bastante oscuro dentro, pero podían ver la pantalla quemada por el sol brillando junto al establo de Crea, y la linterna de —no usar— parpadeaba patrones a través de las paredes, iluminando su camino. El desvencijado atril presentaba la flauta recién tocada, vibrando ondas sordas con escalas no tocadas, silenciosas -las notas perdidas olvidadas, no encontradas-.

La madre de Keely no aparecía por ninguna parte.

Se detuvieron en la puerta abierta del establo de Crea. La manta azul de bebé del baúl de mimbre prohibido del desván aún cubría el cuello de Crea, pero no se movía en absoluto. No se oían respiraciones superficiales.

La mente de Keely se congeló.—Está tan quieta como... No. No voy a pensar en esa palabra; no es posible. No puede ser.

Luchando frenéticamente, intentó abrir la tapa del tarro, pero sus manos se negaban a dejar de temblar. Las apretó contra los vaqueros para controlar el escalofrío y sintió el bulto en el bolsillo delantero izquierdo. De entre las sombras, una voz volvió a susurrarle:—Úsalo ahora, Keely. Hazte un poco más de tiempo.

—Casi me olvido de esto —metió la mano en el bolsillo y sacó un puñado de la arena roja que había cogido antes en la playa, cerca del Estanque de las Esperanzas y los Sueños. Era la que se parecía al reloj de arena del abuelo. Manteniendo la mano cerrada con fuerza, como el cuello torcido de un cisne, Keely dejó que unos pocos granos gotearan lentamente a través de su puño agrietado, cantando al mismo tiempo una calmante canción de cuna. Meowcher y Growler observaron en silencio y silbaron suavemente juntos mientras de Crea salían suaves suspiros; la manta se levantaba ligeramente y luego bajaba y volvía a subir con cada respiración.

—¡Uf! —pronunció el equipo aliviado, casi demasiado bajo para ser oído.

—Meowcher y Growler, necesito su ayuda con esta arena —dijo Keely—. Quiero empezar a despertar a Crea, y tengo que conseguir que beba el agua. Tengo que usar las dos manos con el tarro, pero no quiero que se me caiga toda la arena de golpe. Si espolvoreo la arena en su pelaje pueden sacudirla muy despacio, poco a poco, para alargar el tiempo de Crea. También tengo un poco más de arena roja que metí en la bolsita para usarla. ¿Qué les parece?

Ambos estuvieron de acuerdo inmediatamente en que era un buen plan y dieron un paso adelante. Keely esparció el resto de la arena roja sobre su pelaje, cubriéndolos ligeramente desde la cabeza hasta la punta de la cola. Un poco cayó sobre los bigotes de Meowcher; ella los movió de un lado a otro y luego estornudó ruidosamente, rompiendo el silencio y esparciendo arena por el suelo. Los tres rieron y sonrieron, liberando la tensión y los pensamientos problemáticos que todos habían estado tratando de ocultar. Meowcher y Growler elaboraron un programa de sacudidas. Primero, Meowcher se sacudía; después, Growler se estremecía; y luego, movían sus colas a la vez. Así, a la cuenta de tres, siguieron su rutina:

1. *¡Tiembla!*

2. *¡Tiembla!*

3. *¡Tiembla! Repitan juntos:*

1. *¡Tiembla!*

2. *¡Tiembla!*

3. *¡Otra vez!*

La arena cayó de sus abrigos de piel al suelo del establo, junto a Crea, que dormía profundamente. Parte cayó entre las grietas de las tiras de la pasarela que cubrían los huecos hundidos y se unió a los granos que habían sido lavados de la alfombra del abuelo antes de que comenzara su viaje. Keely se inclinó sobre Crea y empezó a acariciarle el cuello, haciéndole cosquillas en las orejas y susurrándole suavemente.

—Despierta, Crea. Hemos vuelto. Estamos aquí para ayudarte. Hemos encontrado la medicina que te curará. Despierta.

Keely desenroscó la tapa del tarro de Kool-Aid y empezó a dejar caer un puñado de agua sobre la cara de Crea, algunas gotas sobre los ojos y la nariz y otras sobre la cabeza. No dejó de animar a Crea para que abriera los ojos.

Primero una oreja y luego la otra se movieron. A continuación, la nariz se arrugó y, por último, las pestañas se agitaron. Y aquellos tentadores ojos se abrieron, de un violeta brillante, sin blanco, con centros en forma de una flor misteriosa llena de oro.

—¡Mira la flor en los ojos de Crea! —exclamó Keely—. ¡Es la misma que encontramos en nuestro viaje, la que nos llevó al valle de la Siempre Parte Eternamente Eterna! Sabía que reconocía esa flor de alguna parte —estaba tan emocionada por este descubrimiento que casi da una patada al cubo, atrapándolo justo antes de que se derramara por todo el suelo.

—Vaya. Será mejor que me calme —dijo Keely—. Vale, Crea, después de rellenar el tarro de Kool-Aid, mezclando lo que queda con el agua del cubo, quiero que te lo bebas todo, ahora mismo. Te curarás.

Crea incluso sonreía un poco.—Haré lo que pueda, Keely. Ya me siento mejor solo con tenerte a ti, a Growler y a Meowcher de nuevo a mi lado.

¡Tiembla! ¡Tiembla! ¡Tiembla!

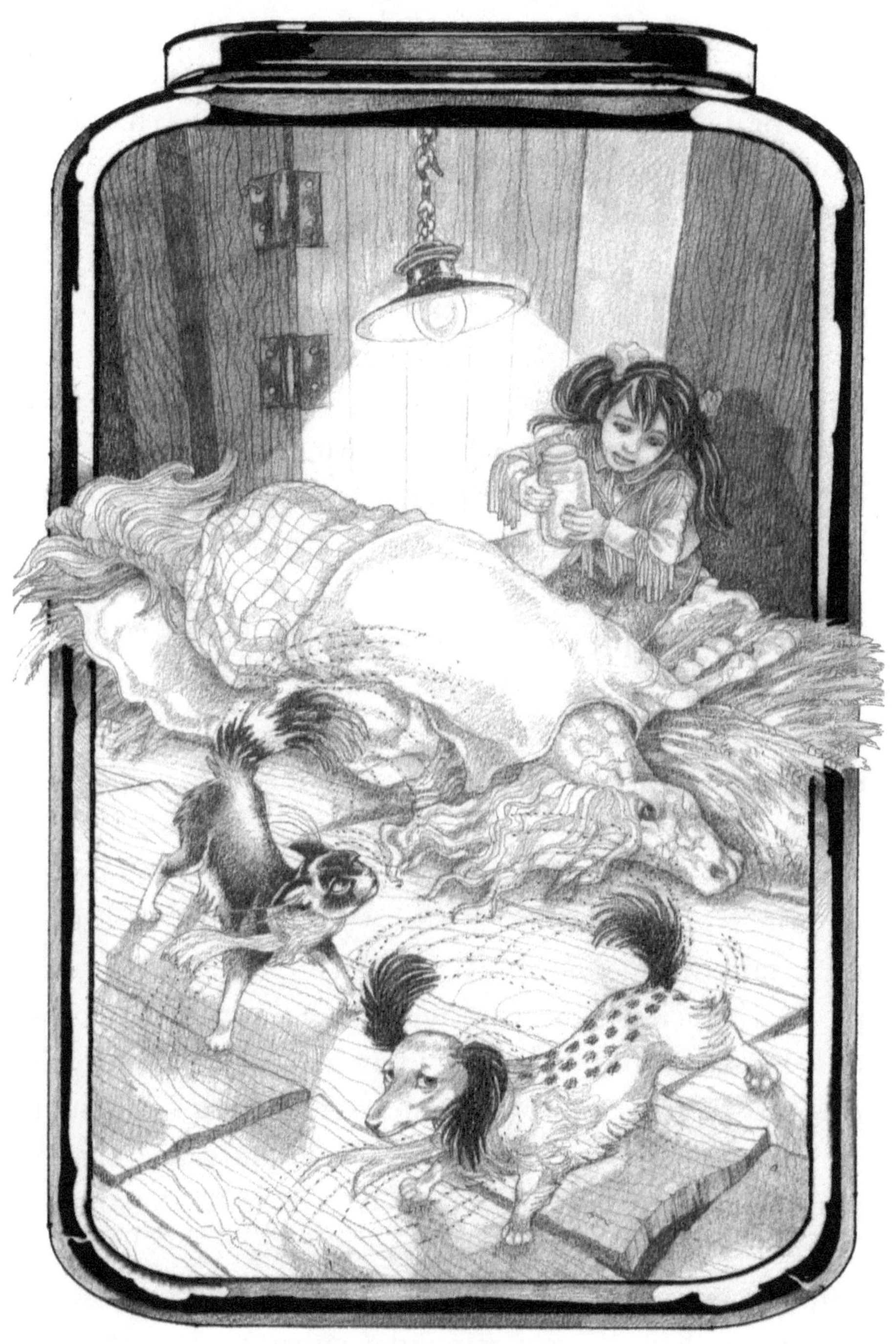

Lentamente, dándole tiempo a Crea para tragar después de cada bocado, Keely le dio de beber el agua del Estanque de las Esperanzas y los Sueños, mezclada con las lágrimas de dolor de Franki y la señorita Myrra. Crea bebió hasta la última gota. No quedó ni una gota.

Con cada trago, a las protuberancias de Crea les ocurría algo extraordinario. Primero desaparecieron los centros azules y brillantes, y luego el color amarillo se desvaneció en el verde. Las protuberancias verdes se redujeron y finalmente desaparecieron por completo. Su pelaje blanco puro, pintado con los dedos con toques de purpurina azulada, volvió a brillar; las crestas de su cuerno resplandecieron; y sus ojos brillaron de nuevo con su antiguo espíritu.

Cuando gotearon las últimas gotas y luego se las tragó, Crea se puso en pie de un salto y agitó la cabeza de alegría.

—¡Gracias, Keely! Gracias, Growler y Meowcher. Mis amigos más queridos y cercanos, me han salvado la vida. Me siento tan bien. Pero la última palabra quedó en suspenso, ya que la mente de Crea se concentró en otra cosa. Ladeó la cabeza y se detuvo a escuchar el viento. Dando un rápido pisotón, Crea se volvió hacia Keely y le dijo que su madre la necesitaba inmediatamente. Debían ir a verla de inmediato.

Y así lo hicieron, moviéndose más rápido que las sombras de la luz de la luna que se desvanecía. Solo Meowcher se dio cuenta del cambio en el entorno del establo y de que la basura y las botellas rotas ya no cubrían el callejón bajo ellas. Volaron por encima de la puerta del patio trasero de Keely para no ver que ahora estaba pintada. Seis contraventanas blancas como la nieve, "descorchadas" y enmarcadas por ventanas sin mugre, y visillos sin remendar cubrían sus esquinas.

Junto a la verja estaba el buzón amarillo recién pintado; la puerta sobresalía ligeramente dejando ver el borde de un gran sobre-correo que había llegado. La tropa se detuvo frente a la puerta trasera de Keely, y fue entonces cuando todos se dieron cuenta de que algo realmente mágico había ocurrido en el patio trasero de Keely. La hierba era verde y suave al tacto. Las llamativas flores otoñales perfumaban el aire, floreciendo silvestres al amanecer y sustituyendo al lúgubre olor a polvo de carbonera de hacía décadas que calaba hasta los huesos. El sabor a moho y serrín del aire de los sueños atropellados había desaparecido. Apoyada contra la casa había una bicicleta de diez velocidades, "completamente nueva" era una expresión del abuelo para referirse a las raras ocasiones en que a uno le regalaban algo que nunca había sido usado por nadie. Era de color rosa brillante, con guardabarros burdeos oscuro y cintas de serpentinas brillantes colgando del manillar, casi tocando el suelo.

Del asiento colgaba una gran tarjeta:

Para: Maggie,

Con amor, Santa

P.D. Siento mucho el retraso. Espero que aún te sirva.

—Parece que ha venido un Atrapasueños —rió Keely.

—¿Qué es un Atrapasueños? —preguntó Crea.

—Te lo explicaré más tarde. Vamos a buscar a mi madre ahora mismo —Keely dejó de sonreír bruscamente al intuir que algo iba definitivamente mal. Cerraron de golpe la nueva mosquitera de la puerta trasera en su prisa por entrar en la casa.

Al principio, la casa estaba en silencio, salvo por la respiración entrecortada de los cuatro. Luego oyeron un sollozo a lo lejos. Keely sabía de dónde procedía el sonido e indicó a sus amigas que la esperaran en la cocina. Corrió por el pasillo, pasó la sala de estar y subió las escaleras abatibles del desván lo más rápido que pudo. Los sollozos eran más fuertes y provenían de las sombras de un rincón alejado del ático. Cuando Keely se acercó al cuerpo arrugado de su madre, oyó que repetían su nombre una y otra vez.

—Keely, Keely, Keely, por favor, vuelve a casa. No soporto la idea de perderte a ti también. Crea se ha ido. Sé que nunca me perdonarás. Keely, Keely, Keely, no puedo perderte.

Keely alcanzó a su madre y la estrechó entre sus brazos. Pero incluso después de abrazar a su madre, diciéndole que estaba bien, que estaba de nuevo en casa y que no se iría, su madre siguió temblando incontrolablemente y llorando. La tristeza y el dolor se negaban a desaparecer, y Keely no sabía qué hacer; nunca antes había visto a su madre sufrir tanto.

Keely escuchó y empezó a cantar melodías tranquilizadoras, acariciando el pelo de su madre e intentando detener sus lágrimas. Aun así, Keely podía sentir el dolor de su madre. Mientras tarareaba, sus propias lágrimas, procedentes de ese profundo estanque que llevaba dentro, se deslizaban y caían sobre su madre. Cada lágrima que caía de las que guardaba en su interior, del Estanque de las Esperanzas y los Sueños, hacía que el dolor y las penas, tanto nuevas como viejas, se desvanecieran.

Las lágrimas derriten los corazones de piedra, la respuesta eres tú; la respuesta eres tú, resonó en los pensamientos de Keely. Las palabras del poema estaban completas. El temblor de los miedos se detuvo, los dedos del dolor soltaron por fin el agarre del corazón de Maggie, que se llenó de paz, alegría y esperanza.

La sombra de la sonrisa sonrió, extendiéndose rápidamente de los labios de su madre a sus ojos y luego a los de Keely. Ambas se abrazaron con fuerza, su madre aun intentando creer que lo que estaba ocurriendo era real. Se pellizcó para asegurarse.

—¡Ay! Supongo que esto no es un sueño —dijo—. Por fin estás aquí.

Y entonces pronunció las palabras que Keely había esperado oír casi toda su vida:—Te quiero mucho.

—Yo también te quiero, mamá.

Capítulo Veintiocho

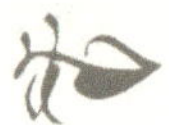

Correo

De repente se oyó un gran estruendo en la cocina, seguido de un fuerte grito.

—¿Qué está pasando aquí? ¿Un unicornio? ¿Un unicornio? ¿Dónde está todo el mundo? Keely, Maggie, ¡estoy en casa! ¿Qué hace un unicornio en nuestra casa?

—¡Papá está en casa! —exclamó Keely, y ambas bajaron corriendo los escalones escalonados del desván para precipitarse en sus brazos que las esperaban.

Todo el grupo intentaba hablar a la vez, y reaccionaban unos a otros con estallidos de risa y jadeos de asombro ante los peligros que corrían. Keely era el centro de atención, y la charla se detuvo cuando la voz de Crea, aún infantil y cadenciosa, interrumpió el flujo de pensamientos:

—Keely, fuiste tú quien me salvó la vida, y contigo tengo una deuda de gratitud por todos los mañanas. Eres una amiga con la que estar hasta que los arcoíris dejen de arder —inclinó la cabeza en señal de agradecimiento hacia Keely.

Keely se sonrojó tímidamente por el elogio, murmuró:— No ha sido nada —y continuó relatando su serie de aventuras. Meowcher y Growler proporcionaron vívidos ejemplos de los peligros y de la continua valentía, coraje y liderazgo de Keely a lo largo de su viaje.

Keely no se dio cuenta entonces, pero más tarde se dio cuenta de que tanto su madre como su padre podían oír hablar a Crea, Meowcher y Growler, entendiendo sus palabras en el aire y en la mente. No sabía si este nuevo fenómeno era el resultado de sus habilidades de traducción mental instantánea o si las mentes de sus padres simplemente estaban abiertas ahora, pero el "im-posible" había saltado definitivamente al "es-posible".

Todos siguieron charlando durante las primeras horas de la mañana. Maggie se sorprendió y asombró cuando vio su bicicleta entregada como un Atrapasueños y recordó que la había deseado en una estrella fugaz por Navidad, cuando tenía unos ocho años.—La verdad es que no creía que fuera a recibir una nunca, pero lancé el deseo mientras una estrella surcaba el cielo. Es exactamente como la había imaginado, hasta las serpentinas extralargas del manillar. No me lo puedo creer.

Poco después de salir el sol, llegaron varias personas y golpearon con entusiasmo la puerta trasera. Todos agitaban sobres abiertos en las manos, y una voz sonó más fuerte que las demás.

—Tienen correo. Nosotros también tenemos correo. Lean su carta —el vecino sacó un sobre grueso del buzón de los Tucker y se lo entregó al padre de Keely. La multitud aferró sus propias cartas, tratando de mantener los labios sellados hasta que el padre de Keely abrió la suya, sin soltar la noticia que contenía.

Las fábricas querían instalarse de nuevo en la ciudad: una planta de montaje de automóviles, una empresa de software y una fábrica de un nuevo tipo de persianas. Las cartas hacían ofertas por el terreno que todos creían inservible que eran mejores que cualquier trato presentado en el pasado. Además, había puestos de trabajo para todos los que quisieran trabajar, desde cargos ejecutivos hacia abajo. Era un sueño hecho realidad para todos y cada uno de los habitantes de Cootersville.

Keely no entendía los detalles de los que se hablaba, pero sabía que su padre ya no tenía que viajar todo el tiempo.

—Mi padre está en casa. Mi madre está en casa. Yo estoy en casa —dijo.

Y Crea, Meowcher y Growler también estaban en casa, hasta su próxima aventura.

9 781778 832642